億を稼ぐ積み上げ力

マナブ
MANABU

KADOKAWA

楽して稼ぎたい人は、
この本を
読まないでください。

こんにちは、マナブです。

2016年、僕の月収は5万でした。
2017年、僕の月収は20万でした。
2018年、僕の月収は300万でした。
そして2019年、僕の年収は1億ほどになりました。

ちなみに、この年、僕は忙しく飛び回ったというわけではありません。家からほとんど出ることなく、この年収を達成しました。

ここだけ読むと、「なんだか怪しいな」と思うかもしれません。
しかしこれは、怪しいことでも何でもありません。やるべきことを、やるべき時に、やるべきだけやったから、しかるべき結果が出た。それだけです。

成功するための「思考と行動」

本書では、成功するための思考と行動について、まとめています。
僕はそれを愚直に実践することで、ブログを1000日ほど毎日更新し、月収5万から月収8桁にまで収入を増やしました。

今はくすぶっている人でも、時代の流れを読むことができれば、数年で「下剋上」が可能です。

この成功するための「思考と行動」、そして「時代の読み方」を、本書に余すところなく記しています。

本書では、稼ぐための小手先のテクニックは解説していません。残念ながら、そんなものは存在しないからです。

稼げるようになる前の僕は、テクニックばかりを求めていました。本を買い漁り、「すぐに稼げるような手法はないか」と血眼になって探していたのです。

その結果、残ったものは、積み上げられた本の山。もちろん、読書は大切です。しかし、当時の僕に不足していたのは、読書ではなく「行動」でした。

結局、僕の人生を大きく変えたのは、「朝起きて、何があっても、絶対にブログを書く」という行動、これひとつだけでした。

もし、あなたも成果を出したいと思っているなら、次のテンプレを使ってください。

朝起きたら、何があっても、絶対に〇〇をする

人生を変えるには、これだけで充分です。

もし、このことが本当に腑に落ちて、実行できるのであれば、あなたに本書を買う必要はありません。明日から実践し、人生を大幅にアップグレードしてください。

この本は、過去の自分に向けて書きました

ブログでも何でも、僕は文章を書く時、自分に向けて書いています。本書も例外ではありません。稼げなくて萎えていた、昔の自分に向けたメッセージです。

以前の僕は、「頭でっかち行動できない病」にかかっていました。本やネットの情報を読み漁り、セミナーに行って知識ばかり溜めこみ、そのくせちっとも行動していなかったのです。

もしかしたら、多くの人が、僕と同じ病気にかかっているかもしれません。

僕は運よく、この病を克服することができました。つまり、行動できるようになったのです。

なぜ、以前の僕は行動ができなかったのか。それは、習慣になっていなかったからです。行動を習慣化し、それを継続すれば、あとの人生は余裕です。

本書では、この「習慣化」について、特に紙面を割いて説明しています。

積み上げができると、人生安定

今の僕は、非常に安定した暮らしをしています。

貯金は2億あります。これを年利3％で運用すれば、年間600万円の不労所得になります。これで充分暮らしていくことができます。

しかし僕の安定は、この貯金がなくなっても揺らぎません。たとえば明日、いきなり貯金がゼロになっても、仕事がゼロになっても、スキルがゼロになっても、全く気にせずに…いや、やっぱり1~2時間は落ち込むかもしれません。でも、その後すぐに行動を開始するでしょう。

ひとしきり落ち込んだ後、何をするか？

それが、積み上げ作業です。

今の時代なら、おそらくプログラミングあたりを学習し、そして3年後には、年収1000万を超えているでしょう。

でも僕は「普通に雑魚」な人間です

ゼロからスタートし直しても3年後には年収1000万、などと書きましたが、僕は普通に雑魚な人間です。今でも、その認識は変わっていません。

最初、本書の仮タイトルは「積み上げ力」でした。原稿が書きあがり、編集者さんからゲラを渡されて驚きました。タイトルが「億を稼ぐ積み上げ力」になっていたのです。

「積み上げ力」だけでは、インパクトが薄かったのでしょうが、正直、何だか現実味がないというか、不思議な気持ちになりました。

たしかに僕は今、億を稼げるようになりましたが、僕のステータスは全く普通です。

・偏差値…57くらい

・出身地…千葉の田舎
・家庭環境…父は会社員、母はパート
・世帯年収…たぶん500〜600万くらい
・学生時代の活動…帰宅してゲームをすることが好き

こうして並べてみても、全然見栄えがしませんよね。
ものすごい勉強家だったとか努力家だったということもなく、22歳までは、読書経験ゼロという体たらく。

こんな僕の意識が変わったのは、23歳の時です。「このままじゃ、さすがにヤバい」そう感じた僕は、行動を開始しました。

そこから一気に成功街道を駆け上がればよかったのですが、そうはいきません。なかなか芽が出ず、苦難が続きました。

26歳の時、大きな失敗をして、実家に逃げ帰ります。その時は完全に心が折れており、しばらく引きこもっていました。

5万を2億に

その後しばらくして、再び実家を出る時に、父が5万をくれました。特に何を言うでもなく、突然渡されたので、とても驚いたことを今でも覚えています。

当時の僕は、本当に困っていたので、そのお金が本当にありがたかった。

その5万が人生再始動の元手となりました。そして今、それが2億になったのです。

正直、2億を手にした今も、なんだか現実味がありません。やるべきことを、やるべき時に、やるべきだけやったら、ここにいた。それだけなのです。

もし、あなたが今の時点で特にこれといったスキルや経験を持っていなかったとしても、全く問題ありません。

雑魚の僕でさえ、行動と継続によって、ここまで変わることができたのです。

たった5万をキッカケに、人生を再出発できました。

この本が、父への恩返しになれば…そう思っています。

大事なことはすぐに伝えたくて、第1章に、一番重要なことを書きました。

それでは、積み上げの人生を、始めていきましょう。

目次

第1章

圧倒的に継続するための極意

第2章

成長を一気にブーストする秘訣

第3章

成功までの最短ルート

第4章

生き残るためのマインドセット

第5章

稼げる人の頭の中

第6章

時代の波に先乗りする

ブックデザイン　山之口正和（OKIKATA）
本文ＤＴＰ　アーティザンカンパニー
校正　鷗来堂
編集協力　稲田和絵
編集　宮原大樹

第 1 章

圧倒的に継続するための極意

01

継続のコツは、驚くほどにシンプル

継続は力なり。昔から語り継がれてきたこの格言のとおり、継続することで大きな力を発揮することができるようになります。僕が今こうして1億円を超える年収を稼げるようになったのも、継続によるところが大きいと言えるでしょう。

僕はブログを「約1000日間」毎日更新しました。よく「スゴイですね」とか、「とても真似できません」と言われます。たしかに僕には継続力がありますが、それは別に、人並外れた才能を持っているとか、特別な技術を持っているということではありません。

実は、継続にはコツがあるのです。継続のコツは、いたってシンプル。

・朝起きたら、最初にやる
・終わるまで、他の事をしない

これだけです。僕が1000日間も毎日ブログを更新し続けることができたのは、「朝起きたらブログを書く」「書き終えるまでやめない」この二つを続けてきたからに他なりません。

僕は、この朝起きたら絶対にブログを書くという生活を1000日続けただけなのです。「そうは言っても、その〝続ける〟が難しいんだよ」そう思うかもしれません。これを可能にしたのが人間の持つ**「習慣化」の能力**です。

この習慣化の能力を使った結果、僕にとってブログ執筆は、もはや「歯磨き」と同じレベルのルーティンになりました。毎朝起きたら、歯を磨きますよね。歯磨きしないと、ちょっと気持ち悪いですからね。ブログを習慣化してしまえば、本当に歯磨きのような感覚になります。気合いや根性は要りません。僕にとっては、毎日の歯磨きを1000日継続したら、ブログで年間5000万を達成していた、そのぐらいの感覚なのです。

最近はYouTubeに注力するため、ブログ更新を停止する時もありますが、更新を止めた直後は、朝になると「手が勝手にブログを書こうとする」という状況です。ここまで習慣化すると、歯を磨かないと気持ち悪いのと同じように、ブログを書かないと落ち着かない体になってしまうわけです。

勝手に体が動いてしまうくらい習慣化されるまで続けることです。ここまでくれば、**疲れは最小化され、成果は最大化**されます。

最初の90日が、最も辛い

習慣にさえなってしまえば、何事も歯磨きレベルでこなすことができるようになります。とはいえ、新しい習慣を身につけるまでは、やはり努力が必要です。

特にしんどいのは最初の90日間。習慣化するまでのしんどさの変化は、

・0～30日→超ハード
・31日～90日→かなりハード
・91日～180日→少しハード
・181日～300日→わりと大変
・301日～500日→わりと大丈夫
・501日～700日→わりと余裕
・701日～1000日→歯磨きです

という感じです。

最初の90日がとにかくハードで、中でも開始30日までが本当にキツイ。**ほとんどの人が、最初の30日で挫折するはず**です。ここを乗り越えられる人は全体の1%もいないのではないでしょうか。

しかし、これを乗り越えていくことができれば、あとは徐々に楽になっていきます。僕もブログを書き始めたばかりの頃は、1記事書くのに8時間かかることもあり、続けることが本当に辛かったのを覚えています。しかし、それを乗り越えた今では、文章を書くことに何の苦労も伴いません。

休日は決断疲れの要因

習慣化のためには、とにかく毎日続けることが大切です。そこに、休日という概念はありません。休日は、「継続を阻害する大きな敵」と考えてください。

例えば、毎日ブログ更新をしているAさんと、週3回ブログを更新しているBさんがいるとします。AさんとBさん、どちらのほうが多くの努力を必要とするでしょうか？

この場合、Bさんのほうがしんどいはずです。というのも、朝起きるたびに「今日はブログを書こうかな、それともやめとこうかな」と自問自答することになるからです。こういった**「心の迷い」は、脳ミソの無駄遣い**になります。本来ならば「何を書こうかな…」と迷うべきなのに、その手前で「ブログを書くべきか」と迷っているのですから。この迷いには全く意味がありません。ただ、疲労だけが残ります。また、週3回程度の執筆では、作業を習慣化することも難しいでしょう。毎日淡々と作業したほうが、精神的にも、習慣化という面でも効率が良いのです。

朝起きたらすぐブログを書こうと思っても、会社員で通勤しなければならない人には難しいかもしれません。そのような場合には、自分なりに少しアレンジしてみてください。僕はフリーランスだったので「朝起きたら、まずブログ」という生活ができました。しかし通勤などがある場合、「電車内では必ず作業する」とか、「お昼休憩に必ず作業する」とか「退社後はカフェに行き、終わるまで作業」といった感じで、ルールを作るのです。

スパルタのように聞こえるかもしれませんが、まずは歯を食いしばってでも「習慣」を作りましょう。ここでくじけてしまうようでは、何かを達成することなど、到底できません。

繰り返しますが、**しんどいのは最初の90日**です。90日を長いと感じるかもしれませんが、人生100年時代と言われる昨今、90日なんて、そのうちのたった0・2%です。ここで習慣を作ることで、その後の人生は、確実にイージー化します。というのも、ほとんどの人が社会に出てから努力や勉強をしなくなるからです。努力や勉強を習慣にしてしまえば、一気に差をつけることができるでしょう。

僕は、習慣化の力を使って、淡々と作業する人生を選びました。その結果として、こうして、イージーモードの人生に切り替えることができたのです。

まとめ

- **継続のコツは気合いではなく「習慣」**
- **継続したいなら、休日を設けてはいけない**
- **とにかく最初の90日、頑張ろう!!**

02

絶望しつつ、諦めつつ継続するべき

努力を継続すると、その先には希望が待っています…と書きたいところですが、残念ながら、そうではありません。努力を継続した先に待っているもの、それは「絶望」です。継続しても、そう簡単に成果は上がらないのです。そして、なかなか結果が出ずに焦っているところへ、ＳＮＳを通して、他人の成果が嫌でも目に入ってきます。

僕は、このような絶望を数えきれないほど経験し、そしてそれを乗り越え、いくつかのスキルを身につけてきました。

・ブログで稼ぐスキル
・プログラミングスキル
・マーケティングスキル

こうして身につけたスキルだけを切り取ると、もしかしたら「多才な人」に見えるかもしれません。

しかし、これらのスキルを身につけるまでに要した期間は、ブログが4年、プログラミングは3年、マーケティングは4年です。お世辞にも習得が速いとは言えません。**後から始めて、僕を追い抜いていく人**を、イヤというほど見てきました。時には、精神的なダメージから、気力がなくなることもありました。

継続しながら、諦める

絶望したからといって、努力を中断するわけにはいきません。メンタルが落ちた時でも、やるべきことを続けるには、コツがあります。それは**「才能の無さ」を自覚すること**です。

プログラミングもブログも、僕にはほとんど才能がありませんでした。なので当然、スキルの習得にも時間がかかりました。そんな自分に腹が立つこともありましたが、潔く自分には才能がないことを認め、過度な期待はせずに諦めつつ、淡々と続けたのです。

この文章を執筆している今は、プロゲーマーを目指して、日々ゲームをやりこんでいますが、ゲームの上達が遅く、正直、気力が削がれることもあります。それでも、**諦めつつ継続しています**。

成長が遅いからといって、死ぬわけではありません。諦めつつ、まったり続けることをおすすめします。

僕はいつも「諦めつつ、継続する」という方法を使ってきました。そもそも自分に対して期待をしていないので、自分の雑魚さを受け入れつつ、続けることしかできないのです。

日本には雇用保険や生活保護といった様々なセーフティネットがあるため、成果が出なくても死ぬことはありません。僕は東南アジアに7年ほど住んでいますが、海外を見て思うのは、**日本人に生まれた時点で、人生ヌルゲー**だということです。

自分のタイプを見極める

実績をあげる人には、二つのタイプがいます。

「**一発ドカンと当てるホームラン型**」と「**コツコツ実績を積み重ねるヒット型**」です。

ＳＮＳで目立つ人には、前者のホームラン型が多いと言えるでしょう。しかし残念ながら、僕にはホームランは打てません。現在はブログで年間５０００万ほどを稼いでいますが、過去に「バズった経験」は、正直、ほとんどありません。

Twitterでも同じです。この文章の執筆時点で、フォロワーが24万人ほどいます。フォロワーの数だけ見れば、十分インフルエンサーと呼べるでしょう。しかし、過去に「バズツイート」を生み出したことは、ほぼありません。これに関して、僕はすでに諦めています。僕はどう考えても、コツコツ型の人間です。ド派手な花火を打ち上げて一発逆転はできません。マイペースに続け、コツコツとヒットを積み重ねていくだけです。

ホームラン型かヒット型か、自分のタイプを見誤ると、せっかくの努力が無駄になってしまいます。ホームラン型は、ある種の才能です。もし、自分に何かしらの才能があると感じないのであれば、無難にコツコツ努力を重ね、ヒットを積んでいくことをおすすめします。

努力を続けると、徐々に世界が変わる

失敗しても、成果ゼロでもいいので、努力は続けるべきです。努力を続けることで、確実に「周りの環境」が変わります。ここでいう環境とは、主に自分を取り巻く人たちのことを指しています。僕の交友関係も、自分が努力するにつれ、どんどん変わっていきました。

大学1、2年の頃、僕は、サークルに行き、バイトをして、お酒を飲む（お酒は20歳過ぎたあたりから）というだらだらした毎日を繰り返していました。周りにいたのは、やはり僕と同じくサボり癖のある友人ばかり。

3年生になって就職活動を意識し始めた僕は、焦りを感じるようになりました。というのも、これといったスキルが何もないのです。このまま就職活動をしても、就職先を選べるような状態ではありません。悩んだ末、僕は就活戦線から離脱しました。

休学して、英語のスキルを身につけるため、留学することにしたのです。半年間のフィリピン留学は、僕にとって大きな転機となりました。フィリピン留学は安いし、語学力も身につけることができます。帰国後、フィリピン留学の素晴らしさを広める

ため、独学でWEBサイト制作を学び、ブログを作りました。

この経験を活かし、大学卒業後、フィリピンのスタートアップ企業に就職。セブ島で働き始めました。その会社では、WEB広告の運用や外注管理、新規事業立案などをやっていました。また、セブ島という特殊な環境で知り合う人には「経営者やフリーランス」が多くいました。

とてもよい職場環境でしたが、自分で考え、全責任を負って主体的に仕事をしたい、という思いが強くなり、翌年に独立。独立すると、周囲の友人はフリーランスの人ばかりになりました。さらに、全員とてもポジティブなのです。

このように、自分が努力をすることで、周囲の環境が変わります。だらだらした生活をしていれば、それにふさわしい環境（周囲の人々）に、努力をすれば、やはりそれにふさわしい環境に身を置くことになるのです。

新卒でフィリピンに海外就職したことで、学生時代のだらけた環境から、一気に大きく変わりました。このようなチャンスを手にすることができたのは、成果ゼロの状態が長らく続いていたブログを、それでも腐らずコツコツ継続したからに他なりません。このブログが評価されたことで、海外就職の切符を手にすることができたのです。

このように、まだ成果が出ていなくても、努力を続けていれば、身の周りの環境が変わってきます。努力する人の周りには、同じく努力する人が集まるのです。そして、これは経験から断言しますが、何かに向けて継続努力できる人は、他人を否定したり批判したりすることはありません。否定や批判のない努力家が集うのですから、おのずと人間関係のストレスも、減っていきます。努力を続けることで、自分を取り巻く世界が変わっていくのです。

トップ層は、異次元の努力家

僕はブログという領域において、日本でトップクラス入りしました。すると、ものすごく優秀な人に会う機会が、一気に増えました。それは、ＳＮＳ経由での出会いがほとんどです。

発信力が高まると、ある意味で友達は増やしづらくなります。しかし、少数でも、とても優秀な友人ができるようになります。皆さん、人間的にも尊敬できる人ばかり。彼らのフォロワーは、数万人を超えていました。

「雲の上の人だな…」と思っていたような方にも、何名かお会いできました。一つの領域にコミットし、成果を出せば、このようなご褒美が待っていることもあるのだな、と思っています。

このような出会いを通して気づいたのですが、ものすごく優秀な人たちには、共通点があります。それは**「継続的に、努力&作業しすぎ」**ということ。僕もハードワークなほうだと自負していますが、それ以上に活動している人が多くて驚きます。

こんな話を聞くと、「自分はそんなに頑張れないから…無理か」と思うかもしれません。でも、大丈夫です。学生時代の僕は、サボってばかりの2年間を過ごしていました。しかし途中から「このままじゃあ、人生がヤバい」と気づいて一念発起。そこから行動を開始して、今に至ります。つまり、もとから努力できる人間ではなかったということ。どちらかといえば、努力は苦手なほうです。それでもここまで継続できるようになりました。その秘訣は、やはり**「習慣と周りの環境」**だと思っています。

まとめ

- **絶望しても、続ける**
- **成果が出なくても、続ける**
- **努力を続けていれば、環境が変わってくる**

03

改善なき継続に成果は生まれない

継続することなしに物事を成し遂げることは難しいでしょう。しかし、継続したからといって、必ずしも成功できるわけではないということも、忘れてはいけません。「ブログは継続が大事」と聞いて、頑張って毎日更新する。それ自体は、決して間違っていません。しかし、ブログを毎日更新することだけに意識が向いて、内容などの改善を一切しない人を時々見かけます。そのようなやり方では、成果を出すことは、ほぼ不可能です。

ただ継続するだけであれば、誰にでもできます。成果を生み出すには、毎日改善することが重要です。最近の僕はプロゲーマーを目指して、ハマっている時は、10時間ほどゲームをやりこんでいます。ゲームでもブログでも、スキルアップするためには共通したステップがあります。それは**「挑戦→改善」**です。

僕はゲームを10時間プレイしたあと、寝る前に「反省の時間」を設けています。例えば「今日は◯◯のシーンで負けたけど、あの時の最適な動きは何だったんだろう…」とか、「自分に足りないスキルは何だろう…」といった感じです。このような反省を経て、次のプレイを改善していく。その積み重ねがあるからこそ、高速で成長することができるのです。

毎日の作業は、手段にすぎない

多くの人が、目的と手段を履き違えています。

僕は1000日間、毎日ブログを更新し、その結果として**「年間5000万円の収益」**を得ることができました。すると、「そうか、ブログを毎日更新すれば大きく稼げるのか！」と、ブログを毎日更新する人が一気に増えました。しかし、その中で、本当に稼げるようになった人は、ほんの一握り。それは、彼らがいつの間にか「ブログを毎日更新すること」を目的にしてしまったためです。

僕は「ブログで稼ぐこと」を目的とし、それを達成するために、「毎日ブログを更新する」という手段を取りました。毎日ブログを書くことでスキルアップし、稼ぐ力が養われると考えたからです。

ブログを毎日更新しているのに一向に稼げるようにならない人も、おそらく最初は、僕と同じように「ブログで稼ぐ」を目的にしていたはずです。そのための手段として、毎日更新していた。しかしそれがいつしか、目先の作業にとらわれて、ブログを毎日更新するという手段が目的と入れ替わってしまったのでしょう。

そして、**「毎日更新を重視するあまり、質が低下している」という状況**に陥ってしまうのです。

常に「なぜ、自分はこの行動をとるのか」を明確にしましょう。僕は「毎日更新したら、いち早くスキルアップできる」と判断したので、毎日更新することにしました。スキルアップするためなのですから、もちろん手抜きの記事はゼロです。常に「現在の能力で、最高レベルの執筆をする」ということを、心がけてきました。

継続しつつ、将来予想しよう

ここまでずっと継続の重要性について述べてきました。ここで一つ、将来予想に基づいて、時には撤退を視野に入れるということについても話しておこうと思います。

挑戦や継続は非常に大切ですが、同じくらい**「やめる勇気」も大切**です。成果の出ない分野で頑張り続けたところで、時間の無駄です。そういった「無駄」を排除するために必要なのが、将来予想です。

例えば、3ヶ月書き続けてきたブログに、50本の記事があり、その総アクセスが3000回だったとします。この状態であれば、その後の予想もなんとなくつくと思います。記事数が倍になったらアクセスも倍に、記事数が3倍ならアクセスも3倍になるだろう…と。

もちろん、こういった計算は外れることも多いですが、それは問題ではありません。あくまで**重要なのは「仮説」を立てること**です。

もし、「このまま続けても、稼げるまでに5年はかかるな…」といった予想になったら、もっと効率的な方法を検討するとか、やめるとか、そのまま継続すること以外の選択肢が出てきます。

始める前から悩んでも、将来予想はできません。しかし、走りながら考えれば、精度の高い予想ができるのです。

挫折しても、問題ない

多くの人は「挫折＝失敗」と考えます。しかし、**最大の失敗は「何もせずに過ごすこと」**です。何かをしてもしなくても、それなりの未来は訪れます。しかし、サボってしまうと、サボった分に見合うだけの後悔と罪悪感に苛まれることになります。それなら、多少面倒くさくても、挑戦したほうがよいとは思いませんか？

最初からうまくいかなくてもいいのです。失敗や挫折を繰り返しつつも、「経験値」を貯めていきましょう。

今でこそ稼げるブロガーの仲間入りを果たした僕ですが、実はこれまで何度もブログで挫折をしてきました。しかし、挫折したからといって、スキルがゼロになるわけではありません。初めてブログを開始した頃に比べれば、確実にレベルアップしている状態にあります。僕はこれを「強くてニューゲーム」と呼んでいます。

ブログに挑戦して、レベル3になる

↓

挫折して中断、レベル2に退化

← 気を取り直してブログ再開、レベル2からスタート

という流れです。挫折しても、それまで培ってきた経験値は、決してゼロにはなりません。また次の機会を見つけて「強くてニューゲーム」にチャレンジすればよいのです。

何も挑戦せず、何も行動しなかったら、ずっとレベルはゼロのまま。ポケモンでいえば、ずっとマサラタウンの人生です。そんなの、つまらないじゃないですか。マサラタウンから出て、冒険に旅立ちましょう。

まとめ

- **挑戦の後は必ず反省し、次に活かす**
- **目的と手段を取り違えてはいけない**
- **挫折を恐れず、挑戦しよう**

04 思考を現実化したければ、リアルな体験をしよう

僕は独立後、エンジニアとして年収1800万を達成し、その後にブログで年間5000万を達成しました。しかし、これは何も、ずば抜けて頭がよかったとか、そういうわけではありません。学歴も取り立てて自慢できるようなものではなく、ごく普通の県立高校を出て、そこそこの私立大学に進学しています。

僕が成果を出せたのは、頭脳が明晰であったからでも、特殊な才能を持っていたからでもありません。未来を見るヒントがあったからです。僕が収入を大きく伸ばす時、必ず、伸びる前には「前兆」がありました。それは「尊敬できる人との出会い」です。

エンジニアとして年収1800万円を達成する前に、「めっちゃ稼ぐエンジニアの先輩」との出会いがありました。

僕はプログラミングを独学し、エンジニアとして就職しましたが、その会社に、も

のすごく仕事のできる先輩がいたのです。その先輩は、会社のリソースや資金を使って、まるで遊んでいるかのように仕事を楽しんでいました。

僕はその先輩を心底尊敬し、たくさん話しかけ、色々教えてもらいました。先輩に一歩でも近づきたくて、仕事漬け、勉強漬けの日々。もう「会社から家に帰りたくない」そんな気持ちで毎日仕事をしていました。夢中でした。

この先輩と出会えたお陰で、僕のプログラミングのスキルは飛躍的に向上。

そしてその後、独立してフリーランスエンジニアとなり、大きく稼げるようになったのです。

こうして、エンジニアとしては順調に成長していた僕ですが、ことブログに関してはなかなかうまくいきませんでした。周囲にブログで稼いでいる人などおらず、ひとり孤独に頑張っていたのです。

しかし、僕がタイの古都チェンマイを旅行していた時、偶然、同年代のアフィリエイターと出会いました。その彼は毎日1時間くらい作業をして、毎月200万円もの収益を上げていると言います。その事実を知った時、自分の中に熱いものがこみ上げてきました。「彼にできるなら、自分にできないはずはない。よし、僕もやろう」そう決意したのです。そこからはもう、フルアクセルでブログを書き続けました。

この2人との出会いは、僕の人生にとって大きな転機でした。彼らが身近にいてくれたおかげで、「絶対に僕だって達成するぞ」と思うことができたのです。

「思考は現実化する」は本当

「思考は現実化する」という有名なフレーズがあります。このフレーズには、僕も完全に同意です。

ブロガーの中には、稼げる人とそうでない人がいます。その交友関係を見てみると、稼げる人の周囲には、やはり稼ぐ友人がいます。そして、稼げない人は、稼いでいる人が身近にいないのです。

もちろん、稼げるようになったから、同じように稼げる友人ができたのだと考えることもできますが、僕はそうは思いません。彼らはきっと、稼ぐ友人を目の当たりにすることで、「自分にだってできるんだ」と自らを奮い立たせ、頑張ってきたのです。

このように、稼ぐ人同士が仲良くしているのを見て、「稼ぐ人は、裏で秘密の情報を回しているに違いない」と邪推する人もいるようですが、そんなことはありません。

秘密の情報なんて、ないのです。少なくとも僕は、秘密の情報など得ることなく、20代で1億を稼ぐことができました。大切なのは、特別な情報などではなく、周囲にモデルとなる人がいるという**「思考を現実化できる環境」**です。

目標となる人に会いに行こう

身近に稼ぐ人がいると、それだけで目標が鮮明になります。そして、その分だけ、目標達成が現実味を帯びていきます。しかし、目標がぼんやりしていると、努力してもなかなか成果が出ない時、途中で心が折れてしまいかねません。

では、身近に目標となるような人がいない場合には、どうすればいいでしょう。その時は、身近な人でなくても構わないので、「こんなふうになりたいな」と思える人を見つけ、その人の開催するセミナーやイベントに参加してみてください。

セミナーに行くことで、目標とする人に近づくことができます。これは、物理的に近くに行けるという意味ももちろんありますが、それだけでなく、心理的にも近づけるのです。実際に、「こんなに成功している人がいるんだ」と目の当たりにすることで、成功にリアリティが持てるようになる。つまり、思考の現実化に繋がるということです。セミナーでもオンラインサロンのイベントでもいいので、**新しい出会いや刺激**を得られるものには、ガンガン投資していきましょう。

ひとりきりでは、なかなか続かない

前項で、ブログに何度も挫折したことがあると書きました。僕がブログに挫折したのは、大学生の時です。「よし、今日から毎日更新するぞ！」と意気込んでおきながら、ブログ開設2日目にして、早々に投げ出してしまったことさえあります。学生という身分で、圧倒的に暇な時間を持て余していたのにもかかわらず…。

挫折の理由は、心の弱さでした。「ブログでご飯を食べるとか…どうせ自分には無理だろう…」そう思っていたのです。それでも、引きこもり生活への憧れだけはあったので、とりあえず挑戦し、即挫折。そんなことを繰り返していました。

当時の自分を振り返って思うのは、気持ちを強く持て、とかそういうことではありません。出会いに恵まれていなかった。ただそれだけのことだと思っています。もし、身近に「ブログで稼ぐ友人」がいたら、目標が明確になり、もっと踏ん張れていたはずです。

おそらく皆さんも、同じ状況なのではないでしょうか。ひとりきりで頑張るのは、大変です。良き友や良き師の存在なくして、なかなか継続できるものではありません。

良質な出会いを生み出す方法

先ほど、目標となる人のセミナーやイベントに参加して、実際に会いに行くことをおすすめしました。これも確かに、良い出会いの一つです。しかし実は、もっと強力な方法があります。それは、**尊敬する人のもとで働く**ことです。ここでのポイントは、無料労働。例えば、

・**尊敬する人のもとで、無料でもいいので働いてみる**

・イベントに参加者としてではなく、ボランティアスタッフとして関わる

無料で働くことで、尊敬する相手に身内として簡単に近づくことができます。無給で働くなどバカらしいと思うかもしれませんが、多少の報酬なんかより、学べる環境のほうがよほど価値があります。

尊敬する人の元に、思い切って飛び込んでみましょう。スキルアップの学習も大切ですが、思考を現実化するためには、実際に足を動かし、リアルに体験することも重

要なのです。

まとめ

- 人との出会いが人生を変える
- 出会いがなければ、自分から会いに行こう
- 良い出会いや良い刺激への投資を惜しんではいけない

05 自分の資産を、最優先で積み上げよう

僕は常々思っているのですが、非効率的な働き方をしている人があまりに多すぎます。

人生を豊かにするには、二つの資産が重要です。それは、**金融資産**と**知的資産**。金融資産とは、給料や貯金といった現金のほかに、株式や国債など、換金性の高い資産のこと。それに対して、知的資産とは、知識やスキル、経験など、人生の中で身につけてきた能力や実績のことを指します。

多くの人が、金融資産のことばかり考えて仕事をしています。つまり、「会社では給料をもらえればいい」と思っているのです。これでは勿体ない。会社で働き、給料をもらいつつ、同時に「知的資産」も増やすべきです。

僕がエンジニア就職した理由

新卒の頃、僕は「エンジニア職」として働いていました。エンジニアを選んだ理由は、エンジニアであれば、働けば働くほど、自分にスキルが残ると確信していたからです。

その会社でしか通用しないスキルが身につく職種と、会社の外に出ても通用するスキルが身につく職種とがあります。

僕は、知的資産も増やせる後者の職種に就きたいと思い、エンジニアを選びました。そして、会社の仕事をしながらスキルを伸ばし、入社から1年を待たずして独立しました。

実績を積める働き方をしよう

知的資産を増やすのと同じくらい、実績を積める働き方も大切です。実績が会社に吸収されてしまう職種は多いですが、工夫次第で効率的な働き方は実現できます。

例えば、書籍の編集者さん。

本書には、宮原さんという優秀な編集者が付いています。構成を綺麗に作ってくださるので、執筆に集中でき、最高の気分でこの文章を書いています。

この本が出版された際、その実績は「マナブが本を出した」と「ＫＡＤＯＫＡＷＡが新刊を発売した」の二つ。

前者は僕の実績です。このように実績を残せる仕事なので、執筆を引き受けました。そして後者は、ＫＡＤＯＫＡＷＡの実績ですよね。宮原さんの仕事ぶりは素晴らしいのに、仕事の成果が自分の実績に繋がっていません。こんなことを書くと宮原さんに怒られてしまうかもしれませんが、これは非常に勿体ないです。

僕だったら、自分の実名を出しつつ、ＳＮＳでプロモーションを仕掛けます。**ＳＮＳフォロワーという、自分の資産**を増やすことができるからです。

ＳＮＳフォロワーは、実質的には「金融資産」に近い性質を持っています。フォロワーが多ければ、ツイートするだけで、商品が売れたりしますので。

会社で働くだけでなく、自分の実績を公開し、同時にフォロワーという資産も増やす。このような戦略性を持った働き方をしてほしいと思います。

常に「自分の利益」を最大化しよう

あまり考えずに働くと、あなたの実績は会社に吸収されてしまいます。それでは人生が楽になることはありません。日本人は真面目すぎます。もっとズル賢く働いてもいいと思います。

人生における優先度ランキングは、1位が「自分」、2位は「家族や友人」、そして3位に「会社」です。

多くの人は、「会社が1位」という働き方をしていますが、会社で頑張っても、会社はあなたを助けてくれません。売上が下がったら、倒産しておしまいです。経営者は巨額の借金を背負う前に、倒産の道を選ぶはず。その時、最もしんどい思いをするのは、社員です。経営者には、さまざまなツテがあり、その後の仕事も見つかりやすいものですが、社員はそうはいきません。

いざという時のためにも、日頃から、知的資産が増やせるか、自分の実績になるかを考え、自分の利益を最大化する働き方をしましょう。

溢れた水だけを、還元する

「社会に貢献したい」というモチベーションで仕事をしている人も多いでしょう。その姿勢は大変素晴らしいと思います。しかし、社会貢献するには、まず大前提として「自分が完全に満たされている」という条件が必須です。自分が満たされる前に社会へ還元しようとすると、非常に苦しい思いをすることになります。そして、その苦しみから、「嫉妬」といった感情が生まれやすくなるのです。せっかく社会のために…と思っているのに、これでは本末転倒。まずは、自分優先でいいので、しっかり利益を上げることをおすすめします。

僕は、社会貢献やボランティアに、時間を割かずに生きてきました。そして今、自分と身の周りが満たされた状態になってきたので、ようやく少しずつ寄付をするようになりました。この本の印税も、寄付するつもりでいます。

世の中には、自己を犠牲にしながらも社会貢献する人がいます。とても美しい行いではありますが、それはあまりに不自然です。まずは自分が完全に幸せになり、その後に余裕が生まれたら、身近に還元する。それでもなお余裕ができた時、ようやく社会へ還元すればいいのです。

自分という器が十分満たされてから、溢れた分を還元しましょう。無理して還元しても、受け取る側も辛いですから。**自己中でもいいので、まずは自分を満たすことが大切**だと思います。

まとめ

- **知的資産と実績を増やす**
- **優先順位は自分が1位**
- **社会貢献の前に、自分を満たそう**

第2章

成長を一気に
ブーストする秘訣

01

月5万を稼ぐまでが最もハード

僕は学生時代、来る日も来る日もブログを更新し、月5万の収入をブログから得ることができました。ブログ以外にも、プログラミングを独学したり、ＩＴ企業でインターンとして働いたり。

当時、僕は1年半の間に

・1日10時間アフィリエイト作業
・ブログ300記事ほど執筆
・プログラミングを鬼学習
・ＩＴ社長に弟子入り＆労働
・国際交流のイベント開催
・友人と留学代理店を作る

これだけの行動を起こしました。そして「月5万の収入」を得ることができました。「こんなにやって…たったの5万?」と思うかもしれません。しかし、これが現実です。

動き出しが、最もキツイ

これは、ビジネスに限った話ではありませんが、何かを始める時、最もしんどいのはスタート直後です。

例えばアルバイトでもそうですよね。

最初の1ヶ月は、慣れないし、覚えることが多いし、かなり疲れると思います。しかし3ヶ月もすると、必要な情報は頭に入っているし、バイト仲間とも打ち解け、身体は自然と動くようになり、疲労感は随分減ってきますよね。

ビジネスにおいても、これと同じことが言えるのです。しかし、自分でビジネスを興す時、この初期段階で99%の人が振り落とされてしまいます。

アルバイトや会社員なら、仕事をすれば、成果はどうあれ、お金がもらえます。しかし、自分で稼ぐとなると、成果を出さない限り、1円にもならないのです。最初の一番キツイ時に「収入0円」が続くことで、心が折れてしまいます。しかし、ここさえ乗り越えてしまえば、その後は楽になっていきます。ここは、本当に踏ん張りどころなのです。

月５万の世界とは

僕は、学生時代にビジネスで月5万を稼いでいましたが、この5万というのは、決して侮れません。というのも、月5万ほど稼げたら、人生はかなり楽になるからです。会社とは別に毎月5万入ってきたら、それだけで年間60万円です。この月5万、年間60万があるのと無いのとでは、かなり違います。

そして、たとえ月に5万でも自分で稼げるということは、ビジネスの「基本のキ」は理解した状態だと言えます。その後も作業を継続していけば、月10万くらいは割とスムーズに稼げるようになるはずです。

先ほどのバイトの例と同じように、月5万ほど稼げるようになる頃には、作業での疲労感はかなり減っているため、継続するのも楽になっていきます。

月20万を稼ぐには、効率化が必要

まずは、月5万が重要です。月5万を稼ぐための努力をその後も継続すれば、月10万まではそのまま達成できるでしょう。

しかしその後、目の前に壁が立ちはだかります。そのままずんなり月20万を稼げるようにはならないのです。ここで、試行錯誤が必要になってきます。

ブログを例にあげるなら、これまで好きなテーマで自由に記事を書いてきたところから、「稼ぎやすい分野について記事を書く」へとシフトしていかなければなりません。このようなワンステップ上の工夫をすることで、月20万への道が見えてくるのです。

月20万を自分で稼げるようになれば、ビジネスとしては中級プレイヤーです。ここから月50万円へとステップアップするのは、意外と簡単。作業効率を上げ、作業の一部を外注することで、サクッと達成できることも多いでしょう。ただ、このステップアップに関しては、ブログなのか、プログラミングなのか、動画編集なのか、分野にもよるので、一概には言えません。

月20万を目指すにせよ、50万を目指すにせよ、最も辛く最も重要なのは、初めの月5万のハードルを越えることです。

月5万のハードルは、想像以上に高い。ここで、ほとんどの人が挫折します。稼げるようになりたければ、とにかくここを乗り越える必要があるのです。

まとめ

- **成果が出なくても、腐らず続けよう**
- **まずは月5万を達成しよう**
- **月5万を達成したら、その後は意外とスムーズ**

02 高速で成長する「スーパーサイヤ人理論」

僕は、人気アニメ『ドラゴンボール』の主人公、悟空並みの高速成長を目指しました。

それを達成するために採用したのが、スーパーサイヤ人理論です。かなりスパルタ式ではありますが、大きな成長が期待できます。

サラリーマンは成長できない

サラリーマンというのは、成長することが難しい働き方であると言えるでしょう。日々同じような業務を行い、成長に必要な負荷がほとんどかからないためです。成長するためには「キツイ」と思うくらいの負荷をかけなければいけません。

筋トレも同じですよね。軽くて楽にトレーニングできるような負荷では、筋肉をバルクアップすることはできません。
大半のサラリーマンの働き方では、成長するための負荷が足りないのです。

眠れないくらいの仕事を請ける

正直、独立したばかりの頃は、眠れない日が続いていました。よく眠れるようになったのは、割と最近の話です。これは、睡眠時間を削って作業に打ち込んでいたからということではなく、不眠症に近い状態だったのです。当時は、布団に入っても、3時間くらいは眠りにつくことができませんでした。その原因の一つとして思い当たるのは、「大きな仕事」です。

会社を辞めて独立したばかりの頃、僕は米国のAppleで働いていた方から、大型案件を受注しました。尊敬する方からの仕事だったため、テンションはＭＡＸ。しかし同時に、大きな不安も押し寄せました。明らかに僕の実力を超えた案件だったのです。どこから手をつけたらいいか、さっぱり分かりませんでした。

そもそも僕が大型案件を受注した背景には、ある書籍による影響があります。そこには「やりたいと思ったら、とにかくＹＥＳと言え」と書いてあったのです。単純な僕は、その言葉のとおり実行し、大変な目にあいました。

辛いほどに考えると、成長する

とにかく、受注してしまったものはやらなければ仕方ありません。来る日も来る日も、ずっと考えました。相談する人もいなかったので、ひとりで抱え込み、1日14時間、ああでもない、こうでもないと、試行錯誤です。

そんな日が5日ほど続いたでしょうか、ふと、ある閃きが起こりました。ずっと考え続けた思考が繋がり、解決の道が拓けたのです。

無理だと感じるような仕事こそ、大きな成長をもたらします。『ドラゴンボール』の悟空は、時に強敵に負けそうになることがあります。しかし、相手が強ければ強いほど、自分がピンチになればなるほど、それをバネにして、レベルアップ。スーパーサイヤ人（戦闘力上昇のために覚醒、変身した姿）のレベル3になるなど、大きく成長します。

『ドラゴンボール』はアニメの世界ですが、これは、ビジネスにおいても同じことが言えます。ビジネスでも、最大限の負荷をかけると、恐ろしいほどに成長することができるのです。

しかし、大半のサラリーマンは、言うなれば「筋肉痛の起きない働き方」をしています。そんなことではダメです。ガタガタになるほどに働くべし。

かなりスパルタ式ではありますが、僕はこのように行動をし、成長を続けてきたのです。

仕事で成長するための3原則

仕事で成長するためには、三つの原則があります。
・できない仕事にも「YES」と答え、チャレンジすること
・辛いくらいに考え続けること
・ピンチが大きいほど成長も大きい（スーパーサイヤ人理論）
つまり、慣れた仕事の消化では、成長できないということです。

最初にできないと思っていたことでも、考え続けたり取り組み続けたりすることで、できるようになっていきます。臆することなくチャレンジしましょう。

特に覚えておいて欲しいのは、三つ目のスーパーサイヤ人理論です。これは特に、

若い人には抜群に効きます。自分の伸びしろを信じて、どんどん負荷をかけてください。

ちなみに、これを愚直に実践すると、仕事のしすぎで手首が腱鞘炎《けんしょうえん》になります。僕は常に腱鞘炎です。痛みなくして、得るものなし。

まとめ

- **実力以上の仕事にチャレンジしよう**
- **考えて、考えて、考えよう**
- **大きなピンチは成長を促す（スーパーサイヤ人理論）**

03 驚くほどに、小さな挑戦から始めよう

ここまで読んでくださった方は「よし、自分もやってみるか…」という気持ちが生まれつつあるかもしれません。そう思っていただけたら、僕としても嬉しく思います。どうせ未来はくるのですから、ダラダラと過ごすよりも、成功に向けて歩み続けたほうがいいですよね。

どこから始めるべきか

最初の挑戦は、小さくて構いません。例えば、

・ブログを始めてみる
・オンラインサロンに入会してみる
・有料セミナーに参加する

・社内勉強会を主催する
・イベントを主催する

といった感じです。

はじめの一歩は、あまり難しいものでなくていいので、力まず気軽に始めてみてください。僕自身、今はブログで年間5000万を稼いでいますが、そのブログを始めたキッカケは「なんとなく」でした。なんとなく「留学したし、書いてみるか」くらいの気持ちだったのです。そしてすぐ挫折したわけですが、それでもいいと思っています。

消費者から、抜け出そう

僕たちは普段、消費者として生活しています。買い物をしたり、ニュースを読んだり、YouTubeを見たり。しかし、こういった消費一辺倒の生き方では、あまり人生が豊かになりません。

僕は消費者でありながら、生産者としての一面も持っています。買い物をしつつ、自分でも商品を売っています。ニュースを読みつつ、自分でもブログを配信します。

YouTubeを見つつ、自分でも動画配信しています。このように生産者側に回ってみることで、人生が急速に変化します。

もう、参加者でいるのをやめよう

先ほど、最初の挑戦として「有料セミナーに参加する」をあげました。これはもちろん、何もしていないところから一歩を踏み出すという意味では非常に有効です。しかし、ある程度まで歩みを進めたら、いつまでも参加者という立場にいてはいけません。

僕はこれまで、セミナーやイベントの参加者側も主催者側も経験してきました。断言しますが、成長するのは、圧倒的に主催者側です。

社内勉強会を主催してみるとか、自分でイベントを開くとか、主催者側に回るようなチャレンジをしてください。もし怖いと感じるなら、友人と共同で主催するのも良いでしょう。僕も、最初は友人と一緒に行動していました。これならずっとハードルが低く感じるはずです。

応援しない人とは、離れよう

新しいことに挑戦しようとすると、必ず「挑戦を阻害する人」が現れます。僕がフィリピンに留学しようと思った時も、多くの友人から止められました。今でこそ安く語学力をつけられるフィリピン留学はメジャーな存在となりましたが、当時はまだ誰もフィリピン留学なんて知らなかったのです。なのでみんな、親切心から「やめておけ」と言ったのでしょう。

これはブログを始めるにせよ、プログラミングを学ぶにせよ、同じようなことが起こります。

「やめておきなよ」「どうせ無理でしょ」「向いてないと思うよ」「もう時代遅れじゃない？」こういった言葉には、要注意。このような発言をする人の多くは、行動しない人です。自分を正当化するためにも、他人の挑戦を応援することができません。あなたの挑戦を諦めさせようとする人がいたら、すぐさま距離を置くべきです。否定的な言葉を聞くだけで、それが自己洗脳に繋がり、失敗する確率が上がってしまいます。

成果が出なくても、人生は変わる

僕自身、成果が上がらない時期が長く続きました。ブログを更新しても更新しても、月に数千円にしかならないのです。ブログで月3000円稼げても、「それだけ頑張って3000円かよ」と笑われるだけ。しかし、徐々に変化していったことがあります。それは「周りの交友関係」でした。

何かに挑戦し続けていると、身近にポジティブな人が集まりやすくなるのです。挑戦する人は、他人の挑戦も応援したくなるものなのでしょう。ちょうど1年ほど行動し続けたあたりから、周りにいる人たちが変わり始め、僕を取り巻く環境が一変しました。

それまでは、僕が何かに挑戦しようとすると、「やめとけよ」と言われたり、無関心な態度をとられたりすることが多かったのですが、気づけば周囲には、僕のチャレンジを応援してくれる人ばかりになったのです。時には、助けになるような人を紹介してもらうこともありました。

最初は、本当に小さな挑戦でいいと思います。僕の場合だと、有料セミナーに行くという行動が、ブログで稼ぐきっかけになりました。セミナー参加なら、簡単ですよね。ですから今すぐ、行動しましょう。

まとめ

- 生産者側に回ってみよう
- 挑戦を阻害する人とは距離を取ろう
- 成果が出なくても、挑戦すれば環境が変わる

04 僕の数々の雑魚エピソード

僕は、20代で1億を稼ぐことができるようになりました。しかし、何度も書いているように、これは僕が優秀だったからでも何でもありません。むしろ、あまりにデキが悪くて、恥ずかしくなるようなことばかり経験してきました。これまでほとんど人に話すことのなかった僕の雑魚っぷりを、少しお話ししようと思います。

―ＩＴ企業インターン―

大学3年生の時、僕は営業インターンシップという形で、東京のＩＴ企業で働いていました。インターンを始めた理由は、「就職活動でのネタ作り」です。

インターンに受かった時点で、就活のネタ作りという目的は達成したも同然でした。なので、あまり頑張る気にもなれず、さらに言うと、「営業なんてダルいな」と思っていたのです。そんな態度が、上司の目に留まらないはずがありません。当時の部長から呼び出され、「お前の脳みそは、サルなのか？」と言われてしまいます。その時はショックでしたが、今思えば、そう言われるのも当然でした。

言われたことを言われたままにやる

当時の僕は「言われたことだけをやり、何も考えない」というインターン生でした。例えば、「営業の電話をかけろ」と言われれば、素直に電話をかけます。この時僕は、電話をかけること自体が目的になっていました。だって、「電話をかけろ」と言われたのですから。

しかし、これではいけません。

営業電話の本来の目的は、アポイントを取ること。その手段としての架電です。当時の僕は、目的と手段をすっかり履き違えていたのです。

目的と手段の履き違えは、営業電話だけにとどまりません。

上司に「仕事は部長から学べ」と言われた僕は、すぐさま部長の元へ行き、面談を依頼します。ちょっと嫌そうな顔をされたものの、なんとか面談を取り付けることに成功。面談で、「部長、仕事を教えてください」と言い放ったのです。上司の言った「部長から学べ」は、もちろん「部長の仕事ぶりを見て盗め」ということ。多忙な部長にインターン生が正面切って教えを請えという意味ではありません。当然、部長から怒りの言葉を浴びせられ、面談終了。

こんな調子ですから、肝心の営業も、受注はゼロ。あまりに辛くて、3ヶ月で逃げるようにして辞めました。

有料海外インターンに落選

そろそろ本格的に就職活動が始まろうとしている頃、「このままでは就職できない」と悟った僕が、大学を休学してフィリピンに留学したということは、前にも書きました。実はこのフィリピン留学の前に、海外インターンを目論んでいたことがあるのです。

僕は、ある企業が運営する有料の海外インターンに申し込みました。

僕が申し込んだのは「有料インターン」です。つまり、お金を払えば誰でも参加できるもの。一応、1回だけ面接があるにはあるのですが、担当者は「これに落ちた人なんていませんよ」と話していました。なので僕はすっかり安心していたのです。しかし、その面接で、落ちてしまいました。

なぜ落ちたのか、自分でもよく分かりません。志望動機なども、それなりに考えたつもりなのですが…。有料インターンに落ちたということで、僕はかなり落ち込みました。「お金を払っても、働かせてもらえないのか…」と。

今、当時のことを振り返ると、選考に落ちた理由として、一つ思い当たることがあります。それは「本心」です。聞こえの良い志望動機は用意していたものの、実際のところ「あまり興味はないけれど、ネタ作りのためにインターンでもしておこう」と考えていました。その本音を見透かされたのかもしれません。

能力は、後天的に高めることができる

他にも、僕の無能ぶりを示すエピソードは、山のようにあります。

それでも現在、僕は自分の力で稼ぐことができるようになっています。正直、僕は、頭の良し悪しと稼ぐ力は、そこまで関係がないと思っています。

もし、上場を目指すというのであれば、明晰な頭脳が必要かもしれません。しかし

個人で月50万、１００万、３００万を稼ぐくらいであれば、行動量を増やし、失敗しながら学んでいくことで、誰でも達成できると思います。なので、「自分にはこれといった能力もないし…」などと最初から諦めることはありません。

成功している中卒の経営者だっているのです。そういった方のセミナーに参加し、実際に話を聞いてみてもいいでしょう。

能力というのは、後からいくらでも高めることができます。

諦める前に、全力で行動してみるべきです。

まとめ

- **今は雑魚でも大丈夫！**
- **能力は後から伸ばせる!!**

05 「お金」か「やりがい」か

僕は、とにかくよく働きます。

起きている間はずっと仕事のことを考えているし、実際に手を動かしている時間も長く、常に手首は腱鞘炎気味です。

「そんな暮らし、楽しいんですか?」とよく聞かれます。答えは簡単で、「非常に楽しい」です。楽しいからこそ、この生活を続けています。

もちろん、ビジネスが軌道に乗るまでは、苦しいこともありました。しかし、そこを乗り越えて、今のこの楽しく稼げる毎日を手にすることができました。

この「楽しく稼げる」に到達するまでの考え方として、「お金」と「やりがい」についてお話ししていこうと思います。

やりがいは、成果に応じて生まれる

「お金」か「やりがい」か、これは、仕事を選ぶ上で必ずと言っていいほど話題に上る重要なテーマです。このテーマに関して、僕は「やりがいは後からついてくる」と考えています。

例えばトップ営業マンの場合。最初から営業が大好きだったわけではないと思います。しかし、成績が伸び、お客さんに感謝され、次第にやりがいを感じてくるようになった…そんな感じなのではないでしょうか。

行動する前から「やりがい」を感じるというのは、あまり現実的ではありません。

やりがいが高いなら、逆に注意

また、世間的に「やりがいの高い仕事」とされている職種は、労働に対する対価があまりに低くなっているケースが散見されます。

その典型例は教師でしょう。給料は固定で、副業もできず、部活の顧問をしていれば土日も出勤。これではただのブラック労働です。しかし、やりがいが高いため、常に多くの希望者がいます。

やりがいの高い仕事は、「悪条件でも人が集まる」という構造になっているわけです。悪条件でも人が集まる仕事というのは、ブラック労働化しやすいため、注意が必要です。

その一方で、世間から「怪しい」と思われているアフィリエイターという職業は、やりがいも薄いのですが、その分競争が激しくなく、実は稼ぎやすい職種となっています。

「やりがいのある仕事がしたい」と考えるのは当然のことだと思いますが、それだけを基準に職業を選択するのは、あまりおすすめできません。

何はともあれ稼ぐ

とにかく、「まずは稼いでみる」ということをおすすめします。

お金があれば、自分も周りの大切な人たちも幸せにすることができるようになります。また、お金があれば、質の良い食事をとったり、ジムに通ったりと、健康的な生活を送ることができます。

やりがいを求めるのもいいですが、とりあえず500万くらいは貯金して、そこからやりがいについて考えてみてはいかがでしょうか。

もし、現時点で「やりがいはあるけれど貯金できない」という働き方をしている人は、一旦労働を見直すのも、一つの手です。

独立したての頃、僕は1日12時間の労働をしていました。その時の月収は手取り10万ほど。当時はエンジニアをしており、最高に楽しく、やりがいを持って仕事に取り組んでいました。しかしあまりに売上が低すぎたため、その仕事は継続できなくなってしまいました。それが今では、月収が100万円を切ることなく、かつ、やりがいも感じています。

やりがいとお金は両立できる概念です。どちらかを妥協する必要はありません。やりがいとお金を両立させるためには、まずはお金を稼ぎ、その後からやりがいを追求するようにしましょう。

お金ややりがいよりも大切なこと

目先のお金ややりがいよりも大切なものがあります。それは、「長期的な成長」です。

一時的に収入が増えたとしても、自分の成長に繋がっていないなら、それは時間の無駄です。

例えばアフィリエイターの場合、稼げるからといって脱毛についての記事ばかり書く人がいます。これに対して僕は、かなり疑問を感じています。確かに脱毛の記事は収益性が高いです。しかし、そのような情報は1～2年で廃れてしまいます。また新しい商品やサービスが出てくるため、勉強し直さなければなりません。これでは、まるでラットレースです。

働きつつ、成長する方法

成長するためには、「常に人材価値を高めること」が重要です。

例えば、ユニクロの店長をしているAさんは、昇進試験に向けて勉強に励んでいます。一方、中小企業のエンジニアのBさんは、家でも新しいプログラム言語について独学しています。AさんもBさんも、通常の業務だけでなく、更なるステップアップのために努力しているわけですが、この両者、どちらのほうが「成長している」と言えるでしょうか？

答えは、「Bさん」です。なぜなら、Bさんのスキルは「他社から評価される人材」に繋がるから。一方でAさんの働き方では、ユニクロが傾くと、人生も傾きます。

これは、先ほどのアフィリエイターの話と同じことです。脱毛商品に詳しくなっても、転職できるわけではありません。ユニクロの中だけで評価が上がっても、自分の成長にはなっていないのです。

成長したければ、常に「自分の人材価値は高くなっているのか」を考えて行動するべきです。ここがYESなら、多少給料が低くても問題ありません。給料は、成長に応じて高くなっていきますから。つまり、優先度としては「成長＞お金＞やりがい」なのです。

まとめ

- 「やりがい」だけで職業を決めるのは危険
- 稼いでいれば「やりがい」は後からついてくる
- 成長に繋がる働き方をしよう

第 3 章

成功までの最短ルート

01

生産性を上げる方法

成長するためには、生産性を意識することが大切です。効率的に働けば、短時間で大きく成長することができます。生産性の高い人と生産性の低い人、この差が何年も積み重なると、やがて「越えられない壁」が築かれることになります。同期で入社したのに年収に大きな隔たりが生まれる…というのは、そのためです。

最優先でやるべきことは、よく寝ること

仕事の生産性を高めるためには、よく考えて行動する必要があります。しかし、寝不足の時などは、どうしても頭が回らず、生産性はガタ落ちです。

特に僕はロングスリーパータイプなので、しっかり寝ないと働けません。快調で生産性高く仕事をするには、僕の場合、8時間は寝る必要があります。7時間睡眠だと、

なんとか平常運転できますが、睡眠時間が6時間を切ると、まるで使い物になりません。ブログを書こうにもYouTubeのネタを考えようにも、寝ていないとまるでダメなのです。

僕のようなロングスリーパーでなくても、やはり、7時間は睡眠を確保したほうがよいと思います。

また、会社員をしていると、付き合い酒で二日酔いでの出社ということもあるかもしれません。これはかなり無駄です。睡眠不足と同じくらい、二日酔いは生産性を下げてしまいます。接待漬けで二日酔いが多くなってしまうようなら、働き方を考え直したほうが良いでしょう。

マルチタスクは非効率

忙しいからと、マルチタスクをする人がいます。同時進行でいくつもの作業をこなしていくのだから、さぞかし効率が良いだろうと思うかもしれませんが、実は、マルチタスクというのは、とても非効率なのです。

デキるビジネスマンが、資料を作りつつ、メールを確認しつつ、部下に指示出しをしていると、いかにも素早く仕事を回しているように見えます。

しかし、本当に仕事の早い人がしているのは、マルチタスクではありません。「高速なシングルタスク」なのです。

つまり、一点集中で資料を作り、一点集中でメールの返信をして、一点集中で部下に指示を出しているわけです。一つ一つに集中して短時間でパッと片付け、次の作業に移ります。これを高速で繰り返すため、傍目にはまるでマルチタスクをこなしているように見えるのです。

高速回転のシングルタスクとマルチタスクは、似て非なるもの。マルチタスクは無駄なので、今すぐやめましょう。

通話や会話は全て遮断

シングルタスクと関連した話になりますが、集中力を高めたいなら、スマホの通知を切りましょう。たまにパソコンがずっとピコピコ鳴っている人がいます。そんな状態で集中できるはずがありません。通知は全てオフにしましょう。僕は作業をする時、通知オフはもちろん、不要なアプリもすべて閉じてしまいます。

また、作業中に会話をする人がいますが、これも無駄です。せっかく集中できそうになったのに、話しかけられたら、そこで途切れてしまいます。これは、自分の生産性が落ちるだけでなく、周りの人の生産性まで落としてしまう迷惑行為です。

ちなみに、会社員時代の僕は、仕事に集中したい時は、適当にアポを入れて外出し、カフェで作業していました。

秒で決断

時間や労力を割いてもあまり結果の変わらない仕事については、あれこれ迷わず、1秒で決断しましょう。

僕は、企画を考える時、一瞬で決めてしまいます。まるで手抜きをしているみたいに聞こえるかもしれませんが、僕はアイデアが優れているタイプではないため、じっくり考えても企画の質が上がらないのです。なので、すぐに決断し、そのぶん行動に時間をまわしていました。

よく日報のコメントに時間を割いている人がいますが、あんなものは1分以内に終わらせるべきです。塵も積もれば山となります。1日10分日報に費やしていると、年間で60時間。さすがに無駄すぎます。

「秒で決断せよ」といっても、これは、全ての仕事を適当にやれということではありません。チャンスに繋がるような仕事であれば、採算度外視で全力コミットすべきです。

僕はフリーランスとして独立した後、一つ大きな仕事を受注しました。その時は、収入のことなど考えず、完全に全力コミットしました。その結果、発注者が満足してくださり、次に繋がったのです。

どうでもいいことは秒でこなし、チャンスに繋がる仕事には全力コミット。このメリハリが重要です。

自分を「音」で管理する

僕は、音を使って自分を管理しています。と言っても、特別なものではなく、スマホのアラームを使っているだけなのですが。

次ページの画像は、僕のスマホのアラーム設定画面です。

8時のアラームは、起床のためです。目覚ましとしてアラームを使うのは一般的で

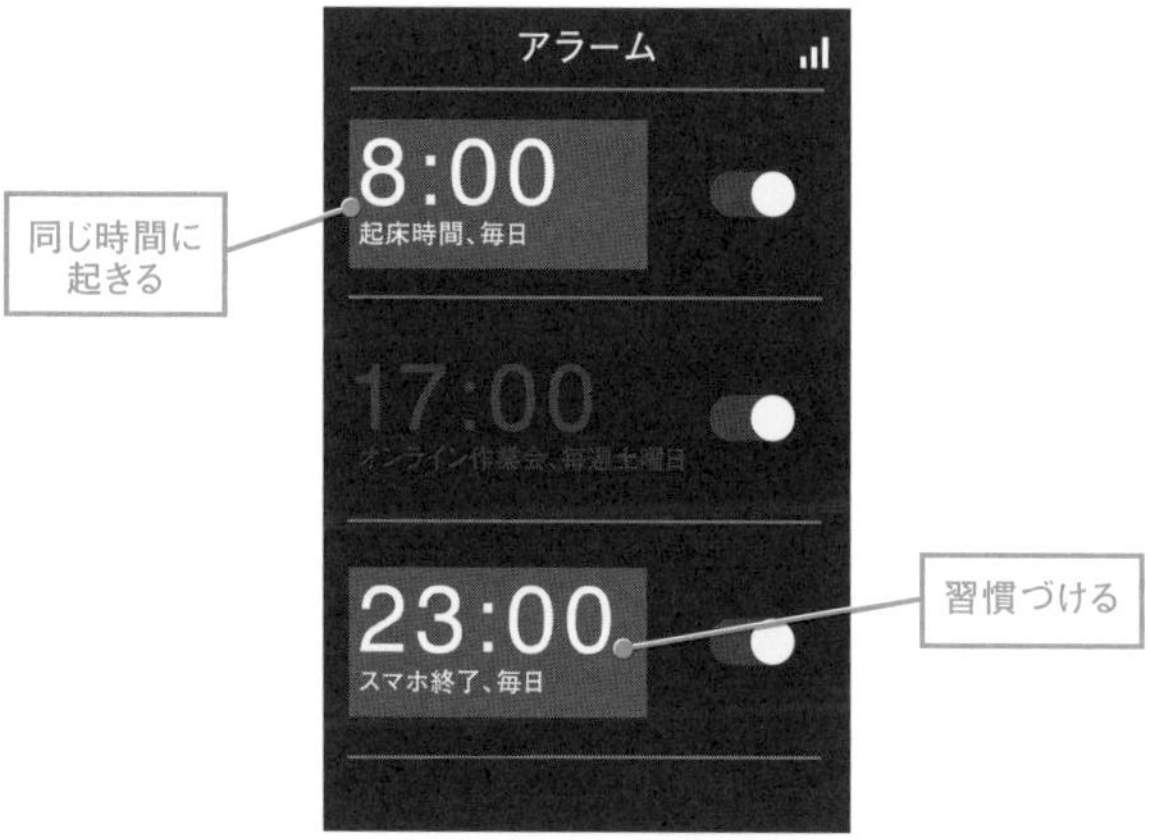

マナブのアラーム画面

すよね。次の17時というのはオンライン作業会をする時間です。そして、最後の23時は、スマホ終了時間。このアラームが鳴ったら、必ずスマホの電源をオフにしています。

アラームを使って自分を管理するのは、なるべく頭を空っぽにしたいからです。

もし、「23時になったらスマホを閉じよう」と決めているだけだったら、たぶん忘れます。そうでなければ、「忘れちゃいけない」という思いから、22時半あたりになると、「あ、あと30分でスマホを終了か…」と心の中でカウントダウンが始まります。これは無駄です。

「あと30分で終わりか」という思考は、

何の利益も生み出しません。むしろ思考を浪費することに繋がります。
アラームをセットしておけば、他のことに集中していても、ちゃんと時間通りに行動することができます。このほうがずっと効率よく時間を使うことができるでしょう。

まとめ

- 1日7時間は寝よう
- マルチタスクは今すぐやめよう
- どうでもいい仕事は秒でこなし、チャンスに時間を回そう

02 人生で捨てるべき無駄なモノ

世の中には無駄なモノばかり。大半のモノや思考は、必要ありません。無駄なモノを捨てることで、人生はずっとスムーズに動くようになります。ここでは、人生で捨てるべきモノ五つについて解説します。

ちなみに、僕はこれらを全て捨てました。その結果、人生が楽になり、収入も増えたのです。

歪んだプライドを捨てよ

変なプライドを持っていても、得することはありません。そればかりか、プライドが邪魔して、おかしな思考に陥ってしまう危険があります。その代表が「世の中はおかしい」「あいつは間違っている」「自分は社会に貢献している」です。こういった思考は、歪んだプライドが生み出しています。「世の中はおかしい」と思ったところで、世の中にあるのは事実だけ。もし、世の中で自分が評価されていないなら、「おかしい」などと言っていないで、事実を事実と認識し、対策を取れば良いのです。「あいつは間違っている」という意見も同じです。世の中に正解なんてありません。今、正解だと思われているものも、あっという間に不正解になってしまう。それが世の中です。あいつが間違っているかどうかは、関係ありません。正しくない行いの人が自分より評価されているからといって、いちいち気にしていたら、時代に取り残されてしまいます。

最後に「自分は社会に貢献している」という思考を持つ人。あなたが社会に貢献しているということ自体は素晴らしいことです。そのことに誇りを持つのも当然だと思います。しかし、自分の社会貢献ばかりにこだわっていると、新しい仕事やサービスを認めることができなくなってしまうことがあります。例えば「ブロガーは社会に価値を生んでいない」といったように。社会貢献を過度に自負するのはやめましょう。

これらの思考は、歪んだプライドが生み出しています。自分を過大評価し、「自分こそ正しい。間違っているのは周囲だ」と目を曇らせてしまうのです。この歪んだプライドを捨てない限り、「新しい学び」を得ることができません。歪んだプライドを捨て、「全てのものから学ぶ」という気持ちを持つことが大切です。

固定観念を捨てよ

大学卒業後、僕は、フィリピンのセブ島で就職しました。当時の給料は、手取り12万。そして、その1年後に独立しました。独立してしばらくの間、僕の月収は手取り10万くらい。それを「まぁ、これが普通だろう」と思っていました。

今となっては「いやいや、さすがに給料少なすぎだよ」とツッコミたくなるところですが、当時は本当にそれが当たり前だと思っていました。というのも、セブ島では、現地の人の平均的な給料が15万円くらいだったのです。ですから僕は、特に疑問を抱くこともなく「まあ自分は若いし、こんなもんだろう」と思っていたわけです。

僕は運良くこの低収入から抜け出すことができたので結果オーライですが、この思考は「新しい可能性を潰す」ことに繋がります。仕事を請け負う際、「こんなものだよね」という固定観念を持っていると、自分で自分を安く見積もってしまうのです。僕も、本当はもっと稼げるのに、大きな損失を出し続けていたわけです。

日本に帰国してから、仕事の単価が5倍ぐらいになり、驚きました。僕の例は極端かもしれませんが、今の給料を「当たり前」だと思っている人は、その固定観念を捨てましょう。独立したら、あっさり月100万を稼げてしまうということが、ザラにあるのです。

贅沢な生活を捨てよ

フリーランスとして独立した僕は、一時期、月に80万くらい収入を得ていました。月収80万円というのは、年収にすると1000万ほど。これなら安定した生活が送れるだろうと思うかもしれません。しかし、そうとは限らないのです。どんなに稼いでも、出ていくお金が大きければ、安定や安心を得ることはできません。

安定と安心を生み出すのは、「稼ぐ力」と「収入・支出のバランス」です。「稼ぐ力」とは、その名の通り。たとえ会社が潰れたとしても稼ぐ力があれば、心に安心が生まれます。仮に明日、僕が全ての財産と仕事を失ったとしても、翌月から月収100万は稼げます。これこそが安定であり、この安定があるから、安心を得ることができるのです。

次に「収入・支出のバランス」についてです。収入と支出のバランスが安定と安心を生み出すことに気づいたのは、僕が「月収80万円を稼ぎ、月5万円で生きる」という生活を送っていた時のことです。これくらいのバランスで暮らしていると、常に心の中は穏やかで、生活に対して何の不安も感じません。

さすがに僕の例は極端ですが、とにかく「生活費は下げるべき」ということです。収入が上がると、それに伴って生活のレベルも上げてしまう人が多いようですが、生活費が上がれば、そのぶん、安定と安心から遠ざかってしまいます。

退屈な仕事を捨てよ

つまらない仕事に耐えることに、意味はありません。自分が興味を持てない仕事に対して、創意工夫を生み出すことは困難です。すると当然、成果も出にくいはず。そんな仕事は、すぐに辞めてしまいましょう。もしお金の問題で辞めることができないなら、期限を区切ってください。

「じゃあ、1年後に辞めるか」と思ったあなた、それは決断していないも同然です。1年なんて長すぎます。3ヶ月か、半年か、そのくらいのスピード感で計画を立て、行動すべきです。

僕は以前、「つまらない仕事でも耐えないと駄目だ」と思っていた時期があります。今、振り返ってみると、その時期は「成果ゼロ」という状況でした。稼いでいる人は間違いなく仕事を楽しんでいます。楽しい仕事が見つからないなら、それは挑戦の回数が足りないだけです。どんどん新しい仕事に挑戦してください。すぐに「あれ、これは面白いかも」という仕事に出会えるはずです。今すぐ行動しましょう。

無駄な交流を捨てよ

はっきり言いますが、交流の9割は無駄です。東京に住んでいると、頻繁にイベントや飲み会の誘いが届きます。

僕は27歳でバンコクに移住しましたが、その時、大半の人間関係がリセットされました。最初は孤独を感じたこともありました。とにかく暇なので、仕事ばかりしていました。すると、面白いように成果が上がったのです。ほとんど出かけずにずっと作業をしていたのですから、当たり前といえば当たり前のことではありますが。

僕は一時期、さまざまなイベントに積極的に参加していました。しかし、有益だったのは、目標を見つけるとか、尊敬する人に会いに行くといった明確な目的がある場合だけ。それ以外の、特に目的もなく参加していたイベントは、完全に無駄でした。確かに、オフラインでないと手に入らない情報もあるかもしれません。しかし、そういった情報がなくても、成果を高めることはできるのです。

僕は現在も交友関係を絞り込んでおり、カレンダーはずっと真っ白です。この状態だと、時間を気にせずに、やるべきことに集中することができます。

飲み会で多少情報交換したところで、たかが知れています。飲み会なんて、ほとんどの時間が無駄に過ぎていくだけですから。そんな時間があるなら、家でやるべきことをやりましょう。

まとめ

- 謙虚に「全てのものから学ぶ」という姿勢でいよう
- 生活費を下げると暮らしは安定する
- 今の仕事がつまらなければ、新しい仕事にどんどんチャレンジしよう

03 人生で関わってはいけない人

前項では、「捨てるべきモノ」について解説しました。ここでは、「人間関係」にフォーカスします。

アドラー心理学では「悩みの9割は人間関係から生まれる」と言われています。本当にその通りだと思います。人間関係こそ慎重に選ぶべきです。

僕は、「なんだかこの人、違和感あるな…」と感じたら、なるべく近づかないように心がけています。人間の直感は割と鋭いものです。とはいえ、いつも直感が働くわけではありません。そこで、なるべく避けて通りたい「関わってはいけない人」について見ていきましょう。

「愚痴ばかり言う人」と関わってはいけない

人間の感情は伝染します。ものすごく怒っている人が部屋に入ってきた途端、部屋の空気がピリピリした。そんな経験がある人も多いでしょう。人の気持ちというのは、近くにいると、なぜか伝わってしまうものです。身近な人がポジティブなら、あなたもポジティブになります。その逆も、またしかりです。

僕の収入が増えてくるにつれて、身の周りにも「稼いでいる友人」が多くなりました。そして、気づいたのですが、稼いでいる人は全員、本当に100%の確率で、ものすごくポジティブなのです。常に相手を応援する姿勢で、気遣いもできて、素晴らしい人ばかり。僕もそのような環境にいるうちに、ネガティブな感情が消え去ってしまいました。ここ2年ほどは、悲観的な気持ちになっていません。

これは裏を返せば、常にネガティブな気持ちでいる人は、稼ぐことができないということになります。稼ぎたければ、いつも愚痴ばかり言ってネガティブな空気をまき散らしている人には関わらないようにしましょう。

「感情的にキレる人」と関わってはいけない

キレる人も論外です。稼ぐ云々以前の問題で、シンプルに怖いですよね。こういう人には、近づいてはいけません。

優秀な人は、たとえ部下が失敗したとしても、その失敗を「仕組み」で解決しようと動きます。怒りで相手を圧倒したところで、部下のミスを止めることはできません。怒られれば多少は気をつけるでしょうが、そもそも部下だって、好きでミスをしているわけではないのです。

根本的な問題に目を向け、それを仕組みで解決しなければ、ミスが減ることはありません。それができないから、キレてしまうのです。そのような人に関わっていると、こちらまで疲弊してしまいます。キレる人とはなるべく距離を取るようにしましょう。

「Takeばかりする人」と関わってはいけない

これも有名な話ですが、世の中には2パターンの人がいます。

「Taker：タダ乗りする人」と「Giver：与える人」です。これは、言うまでもなく

Giverと付き合うべき。

しかし、ビジネスの世界では、「Takerな経営者」が意外と多いので注意しましょう。僕が独立したての頃、「これを無料でやってくれ、経験になるから」といった感じで、いかにも「育ててやっている」という態度でタダ仕事をやらされることがありました。まだ何も分からなかった僕は、それを言葉どおりに受け取っていたのですが、今となって思えば、確かに経験にはなったけれど、普通に対価ももらうべきでした。

Takerは「あなたのために」と言葉巧みに搾取していきます。特に若い人は「やりがい搾取」に遭いやすいので、気をつけてください。

Takerなのか、本当に親切な人なのかを見分けるためには、SNSのフォロワー数を見てみましょう。

Giverな経営者には、多くのフォロワーがつく時代なので、ここも判断材料の一つになります。

「相手の時間を奪う人」と関わってはいけない

「Time is Money.（時は金なり）」という言葉があります。これに対し、「Time is Life.

（時は命なり）」という言葉もあります。人間に与えられた時間は有限です。つまり、時間は命そのものなのです。僕はむやみに時間を奪ってくる人、例えば電話をかけてくる人や、非効率なメッセージを送ってくる人からは、すぐに離れるようにしています。

メールやSNSのメッセージなど、連絡手段の発達した現代において、リアルタイムで相手の時間を奪う電話というのは、無駄でしかありません。

平気で電話をかけてくるような人は「電話や対面じゃないと、相手を信頼できるか判断できない」などと言います。しかし、会って話したところで、相手が信頼できる人なのかを判断するのは、やはり難しいのです。

僕は、まず小さな仕事を依頼してみて、そこから相手の能力や誠実さを探るようにしています。適切なビジネスパートナーを探すなら、小さな仕事から始めるほうがずっと効率的だし、確実です。

「闇人脈を自慢する人」と関わってはいけない

なぜか闇人脈を自慢げに語る人が、たまにいます。例えば「自分は裏で○○と繋がっている」とか、「○○の事件の裏には△△がある」といった、ダークな社会での情報通を装う人です。

僕はこういった情報に興味はありませんが、自分に自信のない人ほど、闇人脈を自慢する傾向があるように思います。自分以外の「ビッグネーム」を出すことでしか信頼を獲得できないのでしょう。言うまでもなく、僕はこのような人とは距離を置きます。

ここまで、5種の「関わってはいけない人」について挙げてきました。日本の教育では、「みんなと仲良くしましょう」といった価値観を教えられます。しかし、そんなことは無理な話ですし、みんなに合わせていたら、何も意見が言えず、窮屈な人生になってしまいます。

気が合わない人からは離れて、それぞれに良い人生を送ればいいのです。

まとめ

- 稼げる人は、めっちゃポジティブ
- Takerには近づくな
- 全員と仲良くなる必要はない。危険な人からは離れよう

04 社会人が勉強を続けると、人生はイージー化する

大半の社会人は勉強をしていません。平成28年に総務省が行った社会生活基本調査によると、日本人就業者が学習・自己啓発のために割いている時間は1日平均6分だということです。

「仕事が忙しくて時間がとれない」「今日は疲れたし、ビールでも飲んで寝よう」「週末くらい休まないと、やってられない」言い訳を挙げればきりがありません。

多くの人は「時間ができたら、やる」と言います。たぶん、その気持ちに嘘はないのでしょう。勉強したほうがよいことは分かっている。でも、今は忙しいから…。

しかし、このような態度では、時間ができることは永遠にありません。仕事が忙しくなく、悩みや不安もなく、疲れてもおらず、完璧に快適に「勉強できる」という状況なんて、絶対に訪れないのです。

勉強をすると、人生が楽になる

僕は、学校の勉強はともかく、社会人になってからは、大いに勉強してきました。まずはプログラミングを学びました。ある程度プログラミングが身についてきた頃、今度は、「多くの経営者は、売上が伸びなくて悩んでいる」ということに気づきます。そして、マーケティングを学びました。その後、ブログ運営を通してライティングも学びました。こうして、複数のスキルを身につけてきたのです。

これらの経験を通して、「勉強は、極めてコスパが良い」ということを実感しました。

スキルが増えると、短時間でお金を稼げるようになります。短時間で稼ぐことができれば、勉強時間を捻出しやすくなります。そして、また勉強する。すると、また収入が上がり…というループです。

通常の業務だけで1日を終えているようでは、いつまでたっても人生がハードモードのままです。イージーモードの人生に切り替えたいのであれば、「時間ができたら」ではなく、「今すぐ」勉強を始めましょう。

勉強に関する勘違い

日本人は、基本的に真面目です。多くの方が、まずは入門書で学び、その分野の基本を理解してから、中級編、上級編と、一歩一歩学びを深めていこうとします。しかしこれでは、時間がかかりすぎて、なかなか収入を増やすことに繋がりません。

収入を増やすための勉強は、「まず行動」です。当然、初めはうまくいきません。失敗する。修正する。これを繰り返しながら、徐々にスキルを身につけていきます。

例えばプログラミングを学ぶ場合、伸びない人は、プログラミングの教科書から読み始めます。それに対し、伸びる人は「まず作る」という行動をします。いきなりサイトやサービスを作ってみるのです。もちろん、最初はうまくいきません。それでも、ネットで調べながらガシガシ作り、失敗して、そして修正して、また失敗して、修正して、少しずつ習得していきます。

「そんなに失敗するなら、ある程度学んでから作り始めればいいのに」と思うかもしれませんが、結局は、これが一番スキルの習得が速いのです。

世の中には勉強に関する様々な理論がありますが、そんなものは無視して大丈夫です。目的を最速で達成するためには、行動あるのみ。教科書や参考書も、1ページ目から読む必要などありません。分からないことが出てきた時、重要なページだけを読めばいいのです。

起業家の自伝などを読むと分かりますが、成果を出す人というのは、まず行動して、足りない部分を後から学んでいるものです。世の中には無限に学ぶ対象がありますから、ターゲットを絞って効率良く学習しなければ、とても時間が足りません。

時間を生み出す方法

1日が24時間であることは、誰にでも平等です。その中で、睡眠をしっかり取り、仕事をし、勉強時間を作らなければいけません。

時間を生み出す方法としては、「生産性を高める」と「無駄を減らす」の二つがあります。

会社員時代、僕はこの二つを徹底しました。

会社の近くに住むことで通勤時間を減らし、毎日定時に帰宅します。飲み会や遊びのイベントには参加しません。業務が多いなら断り、会議中は別の仕事をしていました。

こうして、平日なら1～2時間、週末には6～8時間もの時間を作ることができました。

僕は、この時間のほとんどを「プログラミング学習」に投入しました。すると、どんどんスキルが伸び、1年もせずに独立することができたのです。

会社業務で成長できるのか

僕は、「大半の会社業務では、成長できない」と思っています。会社という組織を運営するためには、社員の仕事を「仕組み化」しなければいけません。

仕組み化せずに個人の能力に頼っているようでは、もし、その人が病気や転職などで抜けた時、業務が回らなくなってしまいます。そうならないよう、大半の仕事を「ルーティンワーク」にまで落とし込んでいるのです。

新卒で入社したての頃であれば、それでも成長することができるかもしれません。しかし、入社後、2年、3年と経つうちに、ルーティンワークだけで成長するのは難しくなっていきます。もし、あなたの業務が、二日酔いや寝不足の時でもこなせるなら、その仕事からの成長は望めません。

とはいえ、会社によっては、社員が成長できるような業務の回し方をしているところもあるでしょう。もし、あなたの会社がそのような環境なら、圧倒的にコミットし、会社の業務に全力を尽くしてください。

無駄な勉強はしなくていい

学習方法の項でも言いましたが、大切なことなので、改めて解説します。

無駄な勉強はやめましょう。「社会人　おすすめ　勉強」といったキーワードでGoogle検索をすると、そこには英語学習や読書、資格取得といった情報が並びます。

しかし、このような情報を鵜呑みにしてはいけません。明確な目的も持たず、適当に学習していたのでは、学習するだけで人生が終わってしまいます。研究者ならそれでもいいでしょうが、ビジネスに活かしたいのであれば、やはり「稼ぐための学習」に特化したほうが良いと思います。

「ブログで稼ぐため」「動画編集で稼ぐため」「プログラミングで稼ぐため」といったように、目的をはっきり定めて勉強すれば、無駄なく学ぶことができます。

ここで一つ注意していただきたいことがあります。それは、社会人の勉強として根強い人気の英語学習です。確かに、英語ができるというのは、仕事に活きるスキルかもしれません。しかし、英語を単体で学んでも、稼ぐ力をつけるという意味では、効果が薄いのです。

英語というのは、スキルというより、ツールの一つです。パソコンを使いこなせるのと同じようなこと。大事なのはパソコンを使って何ができるかですよね。英語も、英語を使って何ができるのかが問われているわけです。

僕は、英語を学ぶと同時に、英語でプログラミングも学びました。英語を使って何をするのかまでを見据えて、勉強する必要があります。常に勉強の目的を、明確にしておきましょう。

まとめ

- **稼ぎたければ勉強しよう**
- **「行動して学ぶ」が最速の勉強法**
- **勉強の目的を明確に設定しよう**

05 新しい挑戦において、不安を消す方法

新しく何かに挑戦する時、誰だって不安な気持ちになります。この不安と、どう向き合えば良いのでしょうか。

僕は、二つの方法をとっています。

目の前の課題以外は無視する

一つ目は「目の前の課題以外は無視する」です。

2020年の僕のテーマは「コミュニティ作り」でした。現在は6000人近いコミュニティを運営しています。これは、芸能人でもない個人の有料コミュニティとしては、かなり大きいほうだと思います。コミュニティを作った当初は、とても不安でした。

「失敗したらどうしよう」
「批判されたらどうしよう」
「荒れてしまったらどうしよう」

次から次へとネガティブな思考が湧いてきます。これでは、不安ばかりで動けなくなってしまいます。

そこで僕は、目の前の課題以外を全て無視することにしました。コミュニティ運営の最初の課題である「集客」だけに集中したのです。

撤退する際の条件を決めておく

目の前の課題に集中するといっても、やはり「怖いな」という気持ちは出てきます。これは、仕方ないことです。

そんな時、二つ目の「撤退する際の条件を決めておく」が役立ちます。

例えば「3ヶ月で50人集まらなかったら閉鎖する」といったルールを、自分の中で決めておき、「このコミュニティは試験的に運用しています」といったアナウンスをするのです。

最近はオンラインサロンなどが増えています。しかし大半のサロンでは、運営者がさほど稼げていないというのが実情です。とはいえ、サロンの特性上、収益が上がらないからと言って、途中ではなかなか辞めづらいものです。

しかし、オープン前に「撤退条件」を明確にしていれば、失敗を潔く認めて、撤退することができます。撤退の可能性を見越して、「試験的な運営のため、2～3ヶ月で閉鎖する可能性があります」とあらかじめアナウンスしておくだけで、かなり心が軽くなるはずです。

最悪の状態もイメージしよう

僕はいつでも淡々と作業を進めるため、「マナブには感情がない」と言われることがあるのですが、そんなことは全くありません。僕だって、何か新しいことにチャレンジする時は、不安や恐怖の感情に苛まれます。僕が会社を辞める決意をした時も、大きな不安を抱えていました。

「そもそも自分で稼げるのか」

「失敗したら笑われるかな」

といった不安が押し寄せてくるのです。

このような不安が頭の中をぐるぐる回っていたのでは、とても動くことなどできません。そんな時は、前述のように、まずは目の前の課題だけを考え、行動するとよいでしょう。

例えば独立するなら、「どうやって最初の仕事をとるか」という課題に一点集中します。

そして同時に、「最悪な状況」をイメージするのです。

僕は独立した時、「もし大失敗したらどうなるだろう」と考えました。そこでの答えは、「お金がなくなって実家に戻る」です。

最悪の事態を想定してみて、思いました。「あんまり、大したことないな…」と。お金を失って実家に戻ったところで、命を失うわけではありません。実家で、またパソコン1台使って頑張れば良いのです。

このように最悪な状況を想像すると、「案外なんとかなるな」と感じるはずです。すると、不安な心がほぐれ、行動力が上がります。

失敗したってなんとかなる

僕は普段から「つまらない仕事なら辞めよう」と発言しています。すると、「そんな無責任なことを言って。辞めてどうするんだ」という批判を受けることがあります。

しかし、独立して失敗したら、また会社員に戻ればいいのです。もしここで「一度会社を辞めたら、もう二度と会社員にはなれない」と思っているなら、その人の問題は、スキル不足にあります。独立への不安とスキル不足の問題を、混同しているだけです。

失敗しても、わりとなんとかなるものです。極度に失敗を恐れずに、まずはやってみましょう。「失敗したらネタになる」くらいの軽い気持ちで、ちょうどいいと思います。

まとめ

- **目の前の課題に一点集中しよう**
- **最悪な事態をシミュレーションしておくと、気が楽になる**
- **「失敗したらネタになる」くらいの気持ちでいい**

第4章

生き残るための
マインドセット

01

一貫性を捨てよう

継続することは大切です。

しかし、この「継続」について、大きな勘違いが横行しています。「一度決めたら、コツコツと努力を続けるべき」と考えている人がとても多いのです。昔の日本人が持っていた「一所懸命」という価値観が、まだ根強く残っているのかもしれません。

違うと思ったら、すぐ捨てる

「一所懸命」という言葉は、その昔、武士が拝領した「一か所」の領地を命がけで守ったことに由来しています。ここから「物事を命がけでやる」という意味になりました。全力を尽くすという姿勢は素晴らしいですが、「命がけで」という点に関しては、目まぐるしく変化する今の時代に、ちょっとそぐわなくなってきているようです。

今の時代、成果を出している人は、とても捨てることが上手です。僕自身、さまざまな挑戦をしては、その大半を捨ててきました。直近の例でいうと、FXです。「FXで億トレーダーを目指す」と勢いよく宣言したものの、途中で「あ、違うな」と気づいてしまいました。なので、あっさり宣言を撤回し、辞めました。

僕のこの態度は一部ネットで叩かれましたが、そんなこと、別に問題ではありません。「違う」と判断したら、傷が浅いうちにすぐ切り捨て、次のチャレンジをすればよいのです。

YouTuberのヒカルさんは、この点、実に見事です。一時期、「チームで頑張る」と公言していましたが、チャンネル登録者数の伸びが期待通りではなかったのか、最近は1人での活動に戻っています。

このような行動に対し、「一貫性を持て」と批判する人が多くいます。しかし、僕はそうは思いません。一貫性よりも適切な価値観があるのです。

Right time Right place

「Right time Right place」というのはシリコンバレーでよく言われる言葉です。日本語に訳すと、「適切なタイミングと場所で」という意味になります。

パソコン産業が著しい成長を遂げるなか、「適切なタイミングで適切な場所にいる」だけで、事業が一気に成長し、大きな財を築くことができたという**シリコンバレーのリアル**を伝える言葉だと言えるでしょう。

これは、シリコンバレーに限ったことではありません。

例えば起業する時、自動車のエンジン開発を事業にするのと、ＶＲデバイスの開発を事業にするのでは、どちらが成功しやすいでしょう？

誰もが、「ＶＲデバイスのほうが成功しやすい」と答えるのではないでしょうか。

自動車のエンジン開発で頑張るのもいいですが、今は、エンジンではなくモーターで動く電気自動車のほうに世界はシフトしています。一方、ＶＲはまだまだこれからの新しい産業です。大きな伸びしろを持っていると言えるでしょう。

これがまさに「Right time Right place」の考え方です。

仮にエンジン開発で起業しようとしていても、市場調査を進めるうちに「これじゃない」と気づくはずです。その時、一貫性という呪縛から逃れ、「Right time Right place」である別の領域にシフトできるのか。ここが大切です。

途中でやめても、信頼は消えない

多くの人は「一度決めたことは、最後まで続けよう」と思っています。これはおそらく「自分の信頼を守りたい」という気持ちが働いているためでしょう。たしかに、頻繁にやっていることが変わり、いつも言うことがバラバラという人は、信頼しにくいものです。

しかし僕は、一貫性がないにもかかわらず、ネット上である程度の信頼を得ることに成功しています。「ダメだ」と判断したものは迷わず撤回し、またすぐ別の行動を起こしていますが、一部の批判はあるものの、概ね受け入れられています。

それは、「理念は曲げない」ということについて、徹底しているからです。

僕の場合、「個人で稼ぐ人を増やしたい」という気持ちで活動をしています。この理念のために、僕自身がさまざまなことにチャレンジし、自分の人生を実験台にして、成功体験とそこで得たノウハウをシェアしているのです。

この「自分の軸＝理念」をねじ曲げない限りは、多少一貫性がなくても、問題ありません。

ちなみに最近、僕は「自炊系YouTuberを目指す」と宣言しました。これが果たして続くのかどうかは、自分でも分かりません。本気でやってみて、「あ、違うな」と思ったら、方向転換するだけです。

辛いのに、無理して頑張らなくていい

実はほんの数年前まで、僕は「一つのことを続けるべき」という考えを持っていました。当時、フィリピン留学の代理店をしていましたが、その頃にはもうすでにフィリピン留学の人気のピークは過ぎていました。

しかし僕は「ここで頑張るべきだ」という価値観に縛られ、毎日14時間、週7日という労働を続けました。しかし、競争過多のため、頑張ってもなかなか利益が残りません。小さな成果は出たものの、努力の甲斐なく、その後、会社は解散してしまいました。

この経験から学んだことが、「ダメだと思ったら、すぐやめる」ということでした。

今では「稼ぎやすい分野」に狙いを定めて活動しています。そのお陰で、個人での年収1億を超えることができました。

もし、頑張っても頑張っても結果が出ず、しんどい思いをしているのであれば、そのマーケット自体が稼ぎにくいという可能性があります。少し立ち止まり、一歩下がって考えると、視野が広がって、新たな選択肢が見えてくるかもしれません。

継続できたのは、残ったから

「マナブさんは継続力がすごいですね」とよく言われます。しかし、実際のところは、そうでもないのです。今継続できているものは、たくさんチャレンジした中で、「諦めずに残ったもの」にすぎません。

これまでに営業、イベント運営、デザイン、経営者、マネジメントなどなど、たくさんのトライをしてきました。しかし、「やってみたらあまり楽しくなかった」とか、「そもそも興味がなかった」とか、割としょうもない理由で淘汰されていき、今の状態があります。

こうして残ったのが、プログラミング、ライティング、マーケティングの三つです。これらは、頑張って継続したものではなく、「色々と捨てまくった結果、残ったもの」なのです。

諦めることは、決して悪いことではありません。「なんか、違うな…」と思ったら、そこで見切りをつけることも大切です。

まとめ

- **「違う」と思ったらすぐやめよう**
- **伸びしろのある市場に乗ろう**
- **理念を貫けば信頼は失われない**

02 焦らずコツコツが成功をもたらす

前章で、「人間に与えられた時間は有限です」と書きました。時間が有限で貴重なものであることは皆さんよく理解していると思います。そのせいか、時間が貴重だと感じるあまり、結果を焦りすぎる人が多いようです。

英語学習でも、ブログ運営でも、プログラミングの勉強でも同じですが、すぐに成果が出るなんてことはありません。

仕事に慣れるのには、時間がかかるものです。学生時代のアルバイトだって、慣れるまでに3ヶ月くらいかかりましたよね。会社での業務なら、尚のこと時間がかかります。慣れるまで、半年とか1年かかって当たり前。これが普通です。

なのに、なぜか副業やスキルアップになると、「1ヶ月も頑張ったのに成果が出ない」「自分はダメだ」と考える人が多くて驚きます。成果が出るには、時間がかかるものです。もっとゆったりと構えましょう。

石の上には3ヶ月くらい

あなたはこの先「何か達成したいこと」がありますか？

独立したい、世界中を旅しながら働きたい、もしくは、年収1000万を達成したいなど。このような目標であれば、3年くらいで達成できます。

3年というと、「石の上にも3年」という言葉が思い浮かぶかもしれませんが、この言葉は忘れてしまいましょう。そうではなく「石の上には3ヶ月」です。

僕は、取り組んでいる事柄に対して、3ヶ月おきに考え直すようにしています。余計なことを考えず、とにかく続けてみるという期間は3ヶ月くらい。

FXやeスポーツを始める際、まずは3ヶ月ほどやってみます。そして3ヶ月後に、いったん立ち止まって考えます。楽しいなら「もっと続けよう」となるし、壁にぶつかっていると感じたら、「環境を大きく変えてみよう」という感じです。

このように、学習や挑戦を続けた上で、3ヶ月おきに大きい見直しやテコ入れをすることで、着実に成果が出るようになります。そして、成果を積み上げていると、ある時、優秀な人との出会いが増えるなど、周囲の環境が変わり始めるのです。

3ヶ月おきに軌道修正しつつ、飽きたり撤退を決めたりしなければ、3年は続けてください。きっと大きな成果を手に入れられるはずです。

無駄な比較は、ただの害

目標に向かって3年も継続すれば、ある程度の結果が出てきます。ところが、この3年の継続ができない人が、非常に多いのです。

もちろん、「これは違ったな」という判断できっぱり撤退するのであれば、構いません。しかし、自分の意思による撤退ではなく、継続したいという気持ちはありながらも続けられないというパターンがほとんどなのではないでしょうか。

継続したいのにできなくなる大きな要因は「メンタルにダメージを受けて、続けることが辛くなってしまった」というもの。

大きな起業でもない限り、借金を背負って挑戦する訳ではありません。つまり、いつやめても支障はないわけです。そのような状態で、メンタルがしんどくなったのに、それに堪えてまで続ける意味があるだろうか…そう考え、継続できなくなってしまうのは、仕方ないことだと思います。

メンタルに大きなダメージを与えるのは、「◯◯さんはあんなに成果を出しているのに、自分ときたら…」という思考です。なかなか成果が出ない時、すでに成果が出ている人と比較し、落ち込んで、ヤル気を失ってしまいます。

しかしここには、大きな勘違いがあります。成果を出している人は、最初からすんなり成果が上がっているわけではないのです。

◯◯を頑張る↓失敗↓気を取り直して△△を頑張る↓失敗↓だったら今度は□□を頑張る↓成果が出た、といったように、何度も失敗し、試行錯誤を繰り返した末に、やっと成果が出始めたという状況であることが大半です。

しかし外野は、成果の出なかった水面下の努力に気づきません。なので最後の「□□を頑張る↓成果が出た」という部分だけを見て自分と比較し、「あぁ、自分はダメだ」と勝手に萎えてしまうのです。

他人と比較するのは、全くもって無駄です。同じ人間なんて存在しないし、同じ条件で取り組めるということもない。比べることに意味はありません。

僕の身の周りを見てみると、成果を出している人は「そもそもの挑戦回数が多い」

です。いきなり、1回目の挑戦で成果が出るなんてことはありません。なるべく早く結果を出したいのであれば、3年スパンで計画を立て、自分のペースでコツコツと続ける。これが、結局のところ、一番の近道なのです。

まとめ

- 結果を焦ると続かない
- 3ヶ月に1回、見直しとテコ入れを
- コツコツ続けることが、結局一番早い

03 継続するためには、捨てる勇気も必要

時間は平等です。僕の1日は24時間であり、ビル・ゲイツの1日も24時間です。この本を読んでいるあなたの1日も、同じ24時間です。等しく与えられた24時間を生きているにもかかわらず、世の中には「成果を出す人」と「出さない人」の両者が存在します。

もちろん、生まれ持った才能や恵まれた環境も関係するでしょうが、それ以上に両者を分けるのは「時間の使い方」です。

もしあなたが世界でトップクラスの成果を出したいというのであれば、生まれ持った才能や恵まれた環境が必要かもしれません。しかし、ここで言う成果とは、例えば「エンジニアとして自由に生きる」とか「年収1000万を超える」といったレベルの話です。これくらいのことであれば、時間の使い方を見直し、継続学習することで、

ほぼ間違いなく達成することができます。

成果のために捨てるモノ

成果が出るまで、僕は休みませんでした。月1～2回、手を休めて遊びに行くことはありましたが、それ以外はずっと作業の鬼と化していたのです。

遊び、恋愛、飲み会、娯楽、旅行を捨て、目指す成果が出るまで、ひたすら作業に邁進する日々でした。

もちろん、皆さんに、ここまでストイックになれとは言いません。しかし、一定の成果が出るまでは、関係ないことに時間を割いている暇はありません。段階的でいいので、成果に繋がらない時間を減らしていきましょう。

・第1フェーズ：飲み会、遊び、家事、恋愛
・第2フェーズ：娯楽、他人の目、普通の人生
・第3フェーズ：健康

第1フェーズであれば、割と簡単に捨てられるはずです。本気で成果を出したいのであれば、この第1フェーズにかまけている場合ではありません。

続いて第2フェーズですが、第1フェーズを達成した人であれば、無理なことではありません。作業をすることが当たり前になってくると、特に意識しなくても自然とこの領域に入っていく人も多いでしょう。

最後の第3フェーズですが、ここを捨てることは、あまりおすすめしません。しかし、とびぬけた成果を出したいという場合には、一時的にここを犠牲にすることもあるかもしれません。

成功した多くの起業家が、一時的とはいえ、自らの体を顧みず、ひたすら働き続けるという時期をすごしています。

僕もそうでした。しかし、無理な労働は長続きしません。

基本的には、第1フェーズを捨てるだけでも充分効果があります。これだけでも、かなりの時間を生み出すことができるはずです。

成果を出せば、すべて戻ってくる

成果のために遊びや恋愛を捨てる人生なんて、楽しいの？　そう思われるかもしれません。

成果を出すためには、たしかに遊びや恋愛を捨ててでも時間を捻出する必要が出てきます。しかし、このような我慢の時期がずっと続くわけではありません。いったん成果を上げてしまえば、だんだん余裕が出てきて、使える時間が戻ってきます。そうしたら、その時間でまた遊べばよいのです。

僕も今では、飲み会にも行きますし、遊びにも行きます。家事も自分でやるようになりましたし、恋愛も楽しんでいます。そして、健康も取り戻すことができました。

要するに、大切なことは「選択と集中」なのです。中途半端はいけません。

周りと同じように仕事をして、周りと同じように遊び、周りと同じように恋愛をして…という生活では、やはり周りと同じような成果しか得ることができません。

突出した結果を出したいのであれば、どこかで「偏った状態」を作る必要があるのです。成功者というのは、皆さんどこか極端で、偏っている人が多いですよね。偏っているというのは、案外大切なファクターなのです。

とはいえ、元々のパーソナリティのバランスを取れている人が、ずっと偏った生き方をすることはありません。成果が出るまでのいっとき、極端なまでに集中して、充分な成果をあげた後は、バランスよく暮らしていけばよいのです。

勇気が出ないなら、足を動かす

「成果が出るまでは余計なコトを捨てよう」
「偏った状態に身を置こう」
「選択と集中だ！」

と言われても、ほとんどの人は行動に移すことができません。

おそらく、自分が成功する姿にあまり現実味を感じないのでしょう。多くの人は「どうせ自分なんて、平均的な人生を送るだけだ…」と思っています。

以前の僕もそうでした。両親はごく普通の会社員。僕も両親みたいな平凡な人生を送るのだと、信じ切っていました。

しかし、実際会社に勤めてみると、「僕の人生、本当にこれでよいのだろうか？」と疑問を感じ始めます。そして、自分なりに行動してみました。セミナーやイベントに積極的に参加してみたのです。するとしだいに、経営者との出会いが増えていきました。

彼らを見て気づいたことがあります。それは、「経営者は、我慢ゼロで生きている」

ということです。「我慢しなさい」と言われて育った僕ですが、世の中の経営者は、小学生の頃の僕よりも我慢しません。まるで大きな幼児です。その様子を見て、そして彼らと話すことによって、徐々に「自分でも…できるかも」という気持ちが芽生えました。

経営者との出会いが、僕に勇気を与えてくれました。もし、今の自分に満足しているわけではないのに、現状を変える勇気が出ないなら、少し足を動かして、何かにチャレンジしている人、ビジネスをしている人、成功している人に会いに行ってみてください。家でひとりモヤモヤ考えているよりも、ずっと勇気が湧いてきます。

洋服を捨てるのも意外と効果的

余談ではありますが、洋服を捨てることも、意外と継続のサポートになります。

ところで僕は、もともと身長172cm、体重52kgというガリガリ体型でした。友人のすすめで筋トレを始めたため、今では体重が63kgにまでなり、少し筋肉質な体型になっています。

筋トレのお陰で、僕の生活は一変しました。これまではまるで体力がなく、すぐ体調を崩してはばかりいたのですが、筋トレをするようになってからは、全く寝込んでいません。筋トレは、本当に素晴らしいので、皆さんにも強くおすすめします。

洋服を捨てることと筋トレに、何の関係があるのかと思われるかもしれませんが、僕は筋トレをするようになって、それまで持っていた洋服を全部捨ててしまったのです。

というのも、「スポーツウェアだけあればいい」と思い至ったからです。普段からスポーツウェアを着ていれば、常に体のラインに意識が向きます。また、ジムに行く時に、とてもスムーズです。それ以来ずっと、スポーツウェアだけを着て生活していますが、特に支障はありません。今もアディダスのスポーツウェアを着て、この原稿を執筆しています。

流行の服やハイセンスな服を持っていると、どうしてもそれを着て出掛けたくなります。しかし、スポーツウェアであれば、行きたくなるのはジムくらい。あとは自宅にこもって仕事三昧です。

この章の前半で「遊びや娯楽を捨てましょう」と話しましたが、実は、物理的なモノを捨てることも、継続を大きく後押ししてくれるのです。
というわけで、洋服をすべて捨ててみてはいかがでしょうか。覚悟が決まりますよ。

まとめ

- 成果が出るまで遊びや恋愛を捨てよう
- 偏った状態が、成功を手に入れるカギ
- 勇気が出なければ、成功者に会いに行こう

04

逃げながら、自分の居場所を探す

成功者と聞くと、果敢にチャレンジし、困難にもめげずに立ち向かう…といったイメージを持つかもしれません。しかし僕は、困難にぶちあたったら逃げてもいいいと思っています。

人にはそれぞれ、居場所があるものです。もし、その場が自分にとって心地よくないなら、その場を離れ、「自分の居るべき場所」を探せばよいのです。

人それぞれに、居場所がある

僕は、営業という仕事から逃げたことがあります。第2章で書いた、営業インターンの話です。

今となっては確信しますが、営業職は「僕の居場所」ではありませんでした。

そもそも僕は、1人でじっくり作業するのが好きで、近くに人がいると全く集中できません。さらに、声が小さく、営業独特のあの体育会系なノリについていけません。毎朝、「挨拶が小さーい。腹から声出せっ！」と怒られていました。たかだか挨拶くらいで怒られること、本当に辛かったです。また、テレアポをしても、つい相手の迷惑を考えてしまい、営業トークどころではありません。ちっともアポを取れず、途方に暮れていました。

本当に、何から何まで、全く向いていないのです。しかし僕は、「この環境で頑張らなければ！」と思い込み、ただただ辛いだけの3ヶ月を過ごしました。

辛い状況だと、成果も出ない

辛い環境からは逃げてもいいんです。いや、むしろ、逃げたほうがいい。逃げるべきです。これは、本業でも副業でも同じことが言えます。

辛い環境で無理していると、どんどん負のスパイラルにはまり込んでしまいます。

成果が出なくて辛い ↓ 上司にも怒られてばかり ↓ 上司に怒られるのを避けたい ↓ 失敗を避けるようになる ↓ チャレンジしなくなる ↓ 成果が出なくて辛い

無理して頑張ってしがみついているのに、チャレンジできないため、最低限の成果しかあげることができません。そしてますますチャレンジできないメンタリティに陥ってしまい、成果が出ず、ますます辛くなっていきます。

その一方で、成果を出している人は、楽しく働いているのです。上司とも和気あいあい。ちょっとしたえこ贔屓《ひいき》や優遇を受けたりすることもあるでしょう。それを見て、成果のあがらない人は、余計に辛くなるのです。

このようなしんどい状況であったら、そこはあなたの居場所ではありません。今すぐ逃げましょう。

居場所を探すコツ

会社に居場所がないなら、退社することをおすすめします。しかし、だからといって働くこと自体も辞めてしまうと、社会との繋がりが消えてしまいます。これはかなり精神的にキツイので、何かしら労働は続けたほうがいいでしょう。

次の仕事を探すなら、きちんと自分の居場所を確保できる職種にしたいものです。そのためには、自分のパーソナリティに合った仕事を見つける必要があります。

あなたは、「話す、聞く」と「書く、読む」だったら、どちらのほうが得意ですか？例えば「何か分からないこと」があった時、友人に相談しますか？Google検索しますか？

この違いから、自分が内向的なのか外交的なのかを判断できます。人と話したり、人の話を聞いたりすることが好きな人は、外交的な仕事。ブログを書いたり、本を読んだりするのが好きな人は、内向的な仕事が向いているでしょう。

僕は完全に「内向型」なので、プログラミングやライティング、編集といった仕事が向いているし、実際、好きです。外交的な人であれば、例えば、営業や接客、広報などが向いているのではないでしょうか。内向的なのに営業職を選んでしまうと、昔の僕のように、胃を痛くするだけで、何の成果もあげられずに終わってしまいかねません。

仕事は無限、ライフシフト時代です

今の時代、仕事なんていくらでもあります。パソコン1台あれば、フリーランスとして独立するのも、そう難しいことではありません。

最近、『LIFE SHIFT（ライフ・シフト）―100年時代の人生戦略』という本が話題になりました。この本では「一直線のキャリアは終わった」という考察がされており、これには僕も大いに賛成です。

人の寿命が延びる一方、企業の寿命はどんどん短くなっています。もはや、我慢して会社にい続けること、行動しないことが、最大のリスクになる時代です。

僕にいたっては、仕事が毎年のように変化しているという状況です。さすがに毎年仕事が変わるというのはやり過ぎかもしれませんが、新しい働き方を実践している人たちの中では、さほど珍しいことでもありません。

長い人生、一つの仕事を貫くほうが難しい。そんな時代になっているのです。

まとめ

- しんどい職場からは全力で逃げよう
- 自分に合った仕事じゃないと成果は出ない
- 仕事はじゃんじゃん変えていい

05 目の前の友人は、外国人でもある

僕は23歳から海外に出ました。今、30歳になったばかりなので、これまでの人生の23%くらいを海外で過ごしていることになります。

僕はフィリピンで就職したり、タイに在住したりと、東南アジアに拠点を置いているのですが、ここは日本とは別世界です。

飲食店に行くと、店員さんは基本的にスマホをいじっています。スマホから音を出して、ドラマを見ているなんてことも多いです。

また、企業に問い合わせのメールを送っても、返ってこないことが結構あります。先日も、法人のクレジットカードが止まってしまい、銀行にメールで問い合わせたのですが、2通ほど送っても無視されてしまいました。3通目で、ようやく返信がきたという状態です。

日本とのギャップに最初は面くらいましたが、今となっては、もはやこれが日常です。東南アジアでの生活に慣れてからは、日本では理解に苦しむような出来事が起こっても、「まぁ、こんなもんですよね」と思えるようになりました。

日本人も、普通に外国人だと思う

日本人の特性として、「空気を読む」というものがあります。要するに「相手が言ってないことまで察する」という文化ですね。これはもちろん素晴らしいことですが、そのせいで疲れている人も少なくないと思います。

目の前にいる相手が「日本人」だったとしても、その価値観は多種多様です。仕事が大好きな人もいれば、仕方なく仕事をしている人もいる。家族を大切にする人もいれば、家庭など全く顧みない人もいる。地元を愛するマイルドヤンキーもいれば、世界中を飛び回るノマドもいる。

同じ日本人であっても、人それぞれ。それを理解して察するなど、無理な話です。なので、無理して空気を読むなんてことは、しなくていいと思います。実際問題として、読むことはできないのですから。

日本人だって、それぞれです。目の前にいる友人を「この人は外国人なんだ」と思って、文化の違い、考え方や価値観の違いがあるものとして接したほうが、ずっと楽な関係を維持できます。

どうしても気疲れするなら、離れる

僕は、かなりの「メンタル雑魚」を自認しています。

メールの返信が遅いだけでも、「何か気に障ることをしてしまったのだろうか…」と気になって、仕事が手につかなくなってしまうのです。こんなことでは、さすがに効率が悪すぎるため、仕事ではなるべくメールを使わないようにしました。今では、週に5通くらいしかメール連絡していません。

あと、空気を読む必要のあるような飲み会には、もうずっと行っていません。会社の飲み会のような席では、上司のグラスが空いたら、すぐビールを注いだり、追加オーダーのリクエストを取ったり。自分も会費を払っているというのに、これではちっとも楽しくありません。今はもう、こんな飲み会とは無縁です。

会社を辞めたり、海外に移住したりすると、このような面倒な飲み会に誘われることもなくなります。極端なやり方ではありますが、これが、断ることすらしんどい小心者な僕の、最終的な解決策です。ここまで対策すると、毎日とても快適に過ごすことができます。

分かり合うことは諦めよう

とにかく僕が伝えたいことは「無理に分かり合うのは、やめよう」ということです。嫌なら逃げたらいいいし、逃げづらい環境であれば適度に距離を置きましょう。なぜか、苦手な人に自ら近づいて、心を開こうとする人がいます。これは、百害あって一利なし。気が合う人というのは、フィーリングで分かります。会ったその日から打ち解け、すぐに仲良くなるものです。人間はたくさんいるのですから、苦手な人からは離れ、得意な人と付き合えばいいのです。

例えばピーマンが苦手でも、ピーマンの栄養素は他の野菜でも取れるじゃないですか。だったら、無理してピーマンは食べなくてもいい。

人付き合いも同じことです。その人とどうしても付き合わないといけない、ということはありません。苦手な人とは距離を置き、別の人脈でフォローすればよいのです。

無理して付き合う必要は、ありません。

自分のメンタルを守ろう

ＷＨＯ（世界保健機関）の調査によると、２０３０年には「うつ病が世界最大の健康問題になる」と予想されています。

世の中は間違いなく豊かになっていますが、それでもメンタルを病む人がいるのです。中でも日本は、「Karoshi（過労死）」という言葉まで生み出している国です。異常な労働環境のいわゆるブラック企業も横行しています。ここは、本当に注意が必要です。

空気を読むとか、石の上にも3年とか、努力や忍耐を美徳とするような日本的な価値観を持ち続けていると、病みやすい時代なのだと思います。

諦めていい。

一所懸命じゃなくてもいい。

空気なんて読まなくて構いません。

楽しいことを続けた人が、結局は成果も出しています。辛いことからは一目散に逃げて、自分のメンタルを守りましょう。

まとめ

- 空気を読むなんてできなくて当たり前
- 苦手な人からは離れよう
- 死守せよ、メンタル！

06 比べるべきは、半年前の自分です

新しい分野の勉強をしたり、新しい仕事に挑戦したりすると、多くの人が志半ばで挫折してしまいます。一方で、そのジャンルのトッププレイヤーを見てみると、皆さん、年単位、あるいは10年単位で継続しているものです。

やはり、継続が重要なのです。しかし、継続できずに多くの人がやめてしまう。その原因の一つが「比較」です。

毎日比較しても、毎日負けるだけ

勝手にライバルを想定して、毎日のようにその人と自分を比較し、自己肯定感を下げてしまう人がいます。しかし、昨日負けていたら、今日も負けていて当たり前です。それなのに毎日チェックするというのは、自傷行為でしかありません。

さらに言うと、毎日比較した先にあるのは「その人の劣化コピー」です。自分より成果を上げている人とあまり頻繁に比較してしまうと、気づかぬうちに影響を受け、真似をしているような状態になってしまいます。

これは、ネットでよく見かけますが、中には、活躍している人を意識的に真似している人までいるのです。しかし、いくら上手に真似しても、その人のクオリティに追いつくことはできません。その人の真似をしている以上、ずっとその人の背中を追い続けることになってしまうのです。

もし、ライバルをどうしても意識してしまうなら、もっと時間軸を延ばして、1ヶ月おきとか、3ヶ月おきとかで見比べてみてはいかがでしょうか。

ちなみに僕は、誰とも競争していません。強いて言うなら、**ライバルは昨日の自分**です。

最近は、朝起きるとYouTubeのデータを見ます。そして、前日の動画の再生時間などを確認し、自己評価しています。最近は順調に数字が伸びているので、毎朝のように「自分は頑張ってるな！」と思っています。

大切なのは理念

何度も書いていますが、やはり数年単位で継続しなければ、成果は出ません。たまに、ものすごい高速で成果を出すモンスターがいますが、そういう人は1万人に1人の逸材です。そこを目指すのは諦めましょう。無理ですから。

モンスターではない普通の人は、継続あるのみ。仕事も勉強も長期スパンで考え、継続を心がけましょう。継続するためには、「理念」が大切です。

誰かを追いかけるよりも、「昨日の自分よりもステップアップする」「自分の理念に沿った行動を続ける」ことです。

僕には「もっと個人で稼ぐ人を増やしたい」といった理念があります。時には伸び悩んで萎えることもありますが、この理念さえ達成できていれば、それでいい。

継続して改善していけば、徐々にレベルアップできるので大丈夫です。理念さえブレていなければ、問題ありません。

伸び悩むなら、それがあなたの実力です

頑張っても成果が出ないという状況が続くと、気持ちが萎えてしまうものです。しかし、結果が出ないなら、それは、まぎれもなくあなたの実力なのです。つまり、「現状のあなたにとって達成できるのはそのくらいですよ」、ということ。

YouTubeのチャンネル登録が1000人で伸び悩んでいたら、ネットで拾ってきたテクニックを駆使して頑張っている場合ではありません。それよりも、もっと本質的な**自己成長**が必要です。

テクニックによって無理に登録数を伸ばそうとすると、必ずどこかで問題が起こります。これは僕自身が経験していることですが、一気に売上を伸ばすような施策をすると、その時はよくても、後から大きなダメージを受けてしまうのです。

例えば僕は、月収500万の時に、プログラミング教材を販売して、一気に月収を倍にしました。しかし、これは大きな失敗でした。価格を12万円に設定したところ、かなり炎上してしまったのです。1日で100件以上、苦情が届いたと記憶しています。あまりにショックが大きく、SNSを1週間ほど、見ることができませんでした。

この失敗の原因は「売上を上げたい」と焦ってしまったことにあります。

12万という単価は、業界的には決して高いものではありませんが、個人販売においては、炎上するような値段です。現在は5万に下げており、当時の購入者には差額をすべて返金しました。

このように、匙加減は難しいのですが「無理にでも、伸ばしてやる」という気持ちが強すぎると、あとからカウンターパンチを食らってしまうことがあります。

当たり前のような結論になってしまいますが、結局は、毎日コツコツ作業して、成長するしかないのです。

学ぶのは、本当に尊敬できる人から

以前、こんなメッセージをもらったことがあります。

「あなたのことは嫌いですが、情報が有益なので見ています」

このメッセージをくれた人は、無理しすぎではないでしょうか。「そこまで無理しなくても…」というのが、このメッセージをもらった時の率直な感想でした。

そもそも「嫌い」という気持ちがあったら、その相手から学ぶことはできないような気がします。できたとしても、非常に効率が悪いでしょう。僕にも「ちょっと苦手だな」と感じる人はいます。その人がどんなに成功していても、苦手な人からは学ばないようにしています。

1人とか2人しかいなくてもいいので、本当に尊敬できる人から学べばいいのです。そのほうが、言葉がすんなり入ってくるし、素直に実践する気になります。嫌いな人から学ぶより、ずっと効率よく成果を出すことができるでしょう。

妄想相談も有効

本当に尊敬できる人が、コンサルティングやオンラインサロンなどをやっていれば、直接質問や相談をすることができるかもしれません。しかし、そうではない場合、「妄想相談」をしてみてはいかがでしょうか。

僕には、心から尊敬する人が2人います。迷うことや困ったことが起きた時は、その2人に相談します。といっても、面識のある相手ではないため、すべて想像です。頭の中で、「実は○○ということがあって…」と相談し、「なるほど。そういう時はね…」と、その人ならどう答えるか、どんなアドバイスをくれるか、妄想するのです。

「こいつキモいな」と思われるかもしれませんが、書籍やＳＮＳなどで尊敬する人の発信する情報に触れ続けていると、その先には「相談しなくても、相談できる状態」が待っています。

心から尊敬できる人から学び、困ったら、妄想相談で解決。騙されたと思って、やってみてください。思いのほか、有効ですから。

まとめ

- 自分と他人を比べてはいけない
- スランプから救うのはテクニックではなく「自己成長」
- 心から尊敬できる人に師事しよう

07 どの環境に身を置くか

継続に関する、シンプルだけれど最高に強力な方法について、最後に記しておきます。それは**「最適な環境に身を置くこと」**です。

自動的に継続できる環境に飛び込む

学生時代、僕は、プログラミングを3ヶ月だけ独学し、ＩＴベンチャーにインターンとして所属しました。もちろん猛勉強しましたが、初心者が3ヶ月勉強したくらいのスキルが通用するわけがありません。なので、面接では少々話を盛りました。その甲斐あってなんとか採用してもらい、入社したあとは、もう必死でした。

こうして僕は、ＩＴベンチャーという環境に身を置くことで、給料をもらいながら着実にプログラミングのスキルを磨いていったのです。

新しい技術を学ぶ時、最初は自分で頑張らなければなりませんが、3〜6ヶ月ほど経過したら、思い切ってその技術を学べる環境に飛び込んでみましょう。未経験でも雇ってくれる会社はあります。その環境に身を置いてしまえば、あとはやるしかないので、自動的に継続できるようになります。

環境があったから、継続できた

僕はブログを1000日ほど毎日更新して、ブログから年間5000万を稼げるようになりました。これだけ聞くと「努力家だな」と思われるかもしれません。しかしその実態は、「環境が良かった」だけなのです。

僕は以前、SEOのコンサルティングを請け負っていました。SEOというのは「Search Engine Optimization」の略で、日本語にすると「検索エンジン最適化」です。Googleの検索エンジンで上位を取るための技術のことを言います。

最初からSEOを仕事にしていたわけではありません。はじめは、興味を持って独学で勉強していただけでした。すると、SEOの知識を必要としている会社と出会い、僕はその会社にSEOについてアドバイスするようになったのです。こうして、

ＳＥＯコンサルが僕の仕事になりました。その後もいろいろな企業のサイト運用を任され、月３００万の売上を出したこともありました。

ＳＥＯコンサルをしているうちに、ある疑問が生まれました。それは「これって、自分のブログを育てたほうが稼げるのでは？」というものです。

そのことに気づいてからは、ＳＥＯコンサルを請け負いつつ、仕事で効果の出た施策を、すべて自分のブログに採用しました。すると、徐々に数字が伸びていき、最終的には年間５０００万という大きな収益を得られるまでになりました。

僕は努力をしたというよりも、「環境を最大限に活かした」だけ。もちろん、継続には努力が伴います。しかし、継続できたのは、この環境があればこそだったのです。

まとめ

● 適切な環境に身を置けば、自動的に継続できる！

第5章

稼げる人の頭の中

01 お金を「稼げる人」と「稼げない人」の違い

世の中には、「稼いでいる人＝頭がいい」という思い込みを持っている人が多いようです。

少し前の時代であれば、

良い大学に入る→大企業に入る→年功序列で給料が上がる

という構図があったので、「頭の良い人がたくさん稼ぐ」という認識も、あながち間違いではありませんでした。しかし、今ではこの構図は通用しません。

僕は、ブロガーとして年間5000万の収入を達成しました。最近では、大きく稼ぐYouTuberも増えています。中には猫動画をYouTubeにアップして、稼ぎまくる人までいるのです。

稼ぎたければとにかく動こう

たくさん稼ぎたいなら、たくさん動くことです。

成功というのは、挑戦回数と成功率によって決まります。数式で表すと、「成功＝挑戦回数×成功率」です。この数式から、成功を重ねたければ、挑戦回数か成功率を上げればよいことが分かります。

ところが、「成功率」を高めるのは、非常に難しいのです。今のような変化の激しい時代には、当たりやすい企画も日々変化します。このような状況で成功に必要な要因を精査し、成功率を高めていくというのは、効率がよくありません。あれこれ調べているうちに、時代の正解が変化してしまうからです。

では、何が合理的な行動なのか。それは、「挑戦回数を増やすこと」です。

「成功の裏には、10倍の失敗がある」と言われます。成功者は成功したことばかりが注目されますが、その裏には多くの失敗があるのです。

皆さんは、これまでどのような失敗をしてきましたか？　大きな失敗を経験していますか？

もしこの質問に、胸を張って「YES！」と答えることができないなら、行動量が足りていないかもしれません。

失敗して当たり前

僕は、これまで多くの失敗をしてきました。

フリーランスとして仕事を受けたのに、お金を払ってもらえなかったこと。自分が創業した会社なのに、自分が去らなければいけない状況になったこと。小さな失敗まで数えあげたら、きりがありません。毎月のように、何かしら失敗しています。

失敗談を披露すると「心が強いですね」と言われますが、そんなことはありません。前にも書いたように、僕はメンタル雑魚です。些細なことをすごく気にするし、打たれ弱い。

そんな僕がどうやって失敗を乗り越えているかというと、「そもそも、失敗が普通だよね」というマインドでいるのです。このマインドでいれば、挑戦して、失敗しても、「やっぱそうだよね」とすんなり受け入れることができます。そして、すぐに再挑戦できるわけです。

失敗して当たり前、成功できたらラッキー。このマインドでいると、挑戦することも失敗することも、へっちゃらになりますよ。

重要なのは、失敗イメージの明確化

失敗を当たり前だと思うことで、メンタルダメージを防ぐことはできますが、失敗には金銭的・時間的な実害も発生します。それを最小限に食い止めるためには、失敗イメージを明確にしておき、事前に対策を練ることが大切です。

第3章で、「撤退する際の条件を決めておく」ということについて触れました。これも、失敗イメージを明確化する一つの方法です。第3章では有料オンラインサロンでの例をあげましたが、サロンというのは、参加者が10名でも1000名でも、運営側の負担はあまり変わらないという特性を持っています。つまり、ある程度の人数が集まらないと、手間ばかりかかってちっとも収益がないという状態になってしまうのです。

人が集まらないという失敗イメージを事前に持っていれば、期間限定サロンという対策を打つことができます。「3ヶ月限定にします」と人を集めておき、うまくいったら「延長しますね」と言えばいいのです。本当にダメだったら、予告どおり3ヶ月で閉鎖して、「幻のサロンでした」とでも言えば、OKです。

サロンではなく何か具体的な事業を興す場合には、「頑張っても売上0円」という最悪の状況をイメージしてみましょう。すると、オフィスはデザイナーズマンションの一画を借りて…などと夢が膨らんでいたところから、「いやいや、固定費は下げておこう」と、冷静に考えられるようになります。

と、ここまで書いて申し訳ないのですが、実は僕、これまで失敗イメージにすら失敗してきたのです。僕の失敗イメージをはるかに超える大失敗をしたことがあります。その時の対処法は「失敗を認めて、思いっきり謝罪」でした。僕にはもう、謝ることしかできなかったのです。

以前、質問無制限のコミュニティを作った時のことです。質問が殺到した時のことも考え、手を打ってはいましたが、想像をはるかに超える質問がおしよせ、完全にパンクしてしまいました。どうしようもなくなった僕は、お金を払ってくださったお客様に、とにかく謝罪しました。そして、「ご不満に感じたら、返金いたします」と連絡したのです。この時は結果として、ほぼ全てのお客様が納得してくださり、なんとか収まりました。

最悪を想定していたつもりでも、さらにその上をいく事態が起こります。失敗イメージは、とにかく悪夢レベルで想定しておきましょう。失敗に対する対策が無駄になったら、それはそれでよいことなのですから。

何から始めたらいいのか

僕が「行動しましょう」というメッセージを発信すると、「何から始めたらいいですか?」という質問をいただきます。そんな時、僕はいつも「好きな順番に、全てです」と回答しています。

やってみないことには、うまくいくかどうかも、楽しいかどうかも、分かりません。米津玄師さんだって、生まれてすぐに「自分は歌手になる」という使命を感じていたわけではないと思います。家で歌ったり、学校で歌ったりしているうちに、褒めてもらうとか、周りが喜んでくれるとかして、だんだん歌が好きになり、そして、歌手を目指したのでしょう。

これは、ビジネスでも同じです。とりあえずやってみましょう。「なんか違う」と思ったら次、それも違えばまた次…と、あれこれチャレンジするうちに、「あれ、これなら続きそうだな」というものが見つかるはずです。その「無理せず続く」というものは、後々あなたの強みになります。こうやって、少しずつ「自分の強みの芽」を揃えていくのです。

僕は子どもの頃から国語の成績はガタガタで、もちろん作文も苦手でした。しかし、気づけばブログで稼げるようになっています。最初から「ダメかもしれない」とひるんではいけません。やってみなければ分からないものなのです。

気になるものから順番に、どんどんトライしましょう。

まとめ

- 成功したければチャレンジの回数を増やそう
- 悪夢のようなシナリオをシミュレーションしておく
- 気になるものを片っ端からやってみよう

02 稼げる人の思考には「共通点」がある

ビジネス交流会やイベント、セミナーなど、積極的に参加していたのですが、ふと、多くの人に会うと疲れてしまう自分に気づき、それ以来、交流を減らしました。

すると、必然的に交友は絞られ、居心地のよい大切な関係だけが残りました。

最近は、収入の高い友人が多いのですが、このような友人には、共通点があります。

相手の視点で考えている

収入の高い友人はみんな、相手の視点に立って考えることが得意なのです。

こう書くと、物議を醸しそうですが、僕は「収入と性格の良さは、ある程度比例する」と考えています。というのも、ビジネスは1人では完結しないからです。

1人で仕事をしていると思われがちなブロガーであっても、ブログには「読者」と

「広告主」がいます。決して1人で完結しているわけではありません。ブログで稼ごうと思ったら、この両者を満足させることが大切です。これが「相手の視点で考える」ということ。

収入の高い人は、皆さん、自然とこれができている。たまに「この人、ちょっとバグっているんじゃないか」と思えるような特殊な人もいますが、そういった人は天才型で、ごく少数です。高い収益をあげている人の大半は「腰が低く、相手のことを考えて動ける人」なのです。

偽善でもいい、良い人になろう

お金持ちには、ボランティア活動や慈善事業に積極的な「良い人」が多いようです。お金持ちのこのような行動に対して、「それは偽善だ。裏では腹黒く稼いでいるはずだ」と批判する人もいますが、相手の本心など結局分からないので、これは意味のない推測です。

「本当に良い人かどうか」というのは、誰にも分かりません。それなら、偽善でもいいから、良い人になっておいたほうが、お得ではないでしょうか。

相手の気持ちに立てる人とは仕事がしやすいため、多くの人が「一緒に働きたい」と思います。一方、相手の気持ちに立てない人とは仕事がしづらく、あまり一緒に働きたくはありません。

これは、特にフリーで働いている人にとっては、大きな違いです。つまり結局は、「良い人」が得をすることになります。

会社勤めの方も、社内を見渡してみてください。仕事ができる人には、良い人が多いということに、気づくと思います。

良い人でいながら、利益を確保する

一つ注意していただきたいのは**「都合の良い人」にならないように**、ということ。ボランティアなどは別ですが、業務であれば、何かを手伝うにせよ、しっかりと「自分の利益」も確保するという意識が必要です。この思考がないと、やりがい搾取されかねません。

20代前半の頃、僕は、タダ働きばかりさせられていました。経営者の方から「経験になるから、これをやるといいよ」と。こんなことが何度も続き、ようやく「いいように使われていただけだ…」ということに気づいたのです。

世の中には、若者に言葉巧みに近づき、やりがい搾取で、稼ぐ人が存在します。ここは、気をつけてください。「良い人」と「都合の良い人」は違います。人に優しくしながらも、しっかり自分の利益は確保しましょう。

稼げない人の思考にも、共通点がある

稼ぐ人だけでなく、稼げない人にも、実は「思考や行動」での共通点があります。

稼げない人の共通点

・その①：他人の批判ばかりしている
・その②：自分は行動せずに、分析ばかりする
・その③：謎の場所で迷い続けている

一つずつ見ていきましょう。

その①：他人の批判ばかりしている

稼げない人は、なぜか、人の批判ばかりしています。言うまでもなく、批判する前

に、自分の状況を考えるべきでしょう。

ご丁寧に他人を批判する内容を長文でしたためて公開する人までいますが、批判のために費やした分だけ、「自分のために使える時間」が減ります。これは、恐ろしいほどの無駄です。

僕は他人の行動にあまり興味がなく、基本的には「全面的に応援」のスタンスをとっています。他人の行動をジャッジするのも面倒だし、良い人に見えるし、時間的にも対外的にも、このほうがコスパがいいのです。

その②：自分は行動せずに、分析ばかりする

自分は何も行動せず、分析ばかりする人がいます。

しかし、行動していない人の分析ほど、的外れなものはありません。

芸能人YouTuberが伸びない理由について、分析して語っている人がいました。でも、その人は自分でYouTubeをやっていないので、完全に論点がズレているのです。

しかし、このような分析屋さんは、そのことに気づきません。「自分は分かっている」と勘違いしたまま、持論を展開します。

非常に残念です。

この分析癖は、自分の事業の足を止める要因となります。行動する前に、頭で分析して、「これは○○でダメだ」と、やってもみないうちから、決めつけてしまうのです。

これでは、稼げるようになるはずがありません。

その③：謎の場所で迷い続けている

例えば、ブログで稼ぎたい場合、稼げるようになるのは、「書きながら、考える人」です。

とりあえず、ブログを作り、記事を書いてみる。その後で、「ここは、こう変えたほうがいいな」「今度はこんな企画を試してみよう」と、改善、挑戦をしていきます。

一方で、稼げない人は、始める前の設定などで、ずっと迷っていたりします。バナーの色使いとか、フォントとか。

バナーの色が赤だろうが紫だろうが、収益に大差ありません。そんなところで迷っていないで、早くブログを開設すればいいのです。

このように、「考えるポイントがズレている」というのも、稼げない人によく見られます。

行動しながら、思考を整えよう

ここまで、稼ぐ人と稼げない人の思考について、見てきました。

しかし、それぞれの思考を知ったからと言って、自分の考え方がすぐに変わるわけではありません。大切なことは、まずは行動すること。行動しながら、気付きがあれば、変更していく。このようなプロセスを経て、だんだん思考に変化が生じます。

もし、モデルとなるような成功者がいるなら、何かに失敗した時など、「○○さんなら、どのように考えるだろう」と想像してみるのも有効です。

少しずつ行動を変え、異なる思考をしてみる。この繰り返しで、だんだん思考や性格も変わっていきます。そして、自然と「良い思考」が身についていく。僕は、そう信じています。

まとめ

- 成功したければ「良い人」になろう
- 他人の批判は時間の無駄
- 四の五の言わずに、とにかく行動せよ

03 お金持ちの働き方【1億を超えた所感】

お金持ちというのは、謎に満ちています。あまりに遠い存在で、想像もつきません。自分とは無縁の世界。「お金持ちというのは、生まれた時からお金持ち。庶民とは決して交わることのない家柄だ」と、僕も思っていました。

お金持ちは、普通で暇

現在の僕は、年収1億、資産が2億を超え、富裕層の仲間入りをしました。

でも、洋服はアディダスのスポーツウェアばかり着ているし、普段は引きこもってゲームしています。傍から見ると、まるでニートです。

本当にお金がある人は、「普通の格好」をしていることが多いようです。僕の周りには、成功しているエンジニアやトレーダーがたくさんいますが、彼らは、到底お金持ちには見えません。年間5億を稼ぐトレーダーは、家賃7万円の家に住んでいると言っていました。

あと、お金持ちは暇です。

僕も今、わりと暇です。鬼作業の時期を過ぎ、あまり作業をしなくても大きな収入を稼げるようになったため、今では自由な時間を過ごせるようになりました。

僕には経営者の友人も多いのですが、稼いでいる人ほど、暇そうにしています。というのも、お金持ちはお金の入ってくる「仕組み」を持っているからです。

僕の場合は、ブログです。特に何もしなくても、月500万くらいは入ってきます。こうなると、ガツガツ働く必要はなく、自由な時間が増えます。そこで、平均すると、毎日3時間くらいゲームをしています。ハマってしまうと、1日10時間です。ますます、ニートみたいです。

お金持ちになるコツは、シンプルです

『7つの習慣』という本をご存じでしょうか。その本の中に、次のような図が出てきます。

	緊急	緊急ではない
重要	第Ⅰ領域 ・締め切り直前のタスク ・クレーム対応 ・危機や災害への対応	第Ⅱ領域 ・交友関係を広げる ・体力づくり ・学ぶ機会を設ける
重要ではない	第Ⅲ領域 ・突然の来客 ・無意味な電話対応 ・内容のない会議	第Ⅳ領域 ・必要以上の息抜き ・だらだらとした電話 ・世間話

全てのタスクを「重要／重要ではない」「緊急／緊急ではない」の2軸に分けます。すると、図のように「重要で緊急」な第Ⅰ領域、「重要だけれど緊急ではない」第Ⅱ領域、「重要ではないが緊急」な第Ⅲ領域、「重要ではなく緊急でもない」第Ⅳ領域に分けることができます。

『7つの習慣』では、「重要度が高く、緊急ではない仕事」を真っ先にスケジュールに入れるべきだと結論付けています。「重要度が高く、緊急ではない仕事」とは、僕の場合なら、ブログやYouTubeなどです。あとは、本の執筆も当てはまるかもしれません。もちろん、本の原稿執筆には締め切りがありますが、かなり緩めに設定してもらっています。

これらはいずれも、僕にとって、重要度は高いけれど緊急ではない仕事です。

多くの人は、さほど重要ではなくて締め切りのある仕事に追われています。締め切りのある仕事を優先していたら、いつまでたっても締め切りのない仕事に着手することはできません。しかし、人生を変えるような重要な仕事というのは、たいてい、締め切りなんてないものです。

締め切りのある仕事を優先するというスタイルで働いていると、目先の収入は手に入りますが、将来的に大きな富を手に入れるのは、難しいでしょう。

収穫までは、時間がかかる

僕はYouTubeを始めた時、「2年間は収入が0円でも、続けよう」と決めていました。

ほとんどの人は、「え？　2年も無収入とか、無理でしょ」と考えるでしょう。だからこそ、チャンスなのです。

大半の人は、来月には収入になるような仕事をします。しかし本当に豊かになるためには、来月ではなく、来年の収入のために、今働く必要があるのです。

大きな実を得たければ、種をまいた後、時間をかけて育てなければいけません。

お金持ちの人ほど、この時間軸が長いようです。現在の僕は、来年を見据えて働いています。しかし成功している投資家などは、5〜10年で考えているものです。投資の神様、ウォーレン・バフェットなどは、10年といったスパンで投資先を決めています。


ここが、豊かになれる人とそうでない人との、大きな違いなのです。

種をまいても、実らないことがある

種をまいてから、大きく刈り取るまでには、時間がかかります。しかし、手間ひまかけて育てたからといって、必ずしも大きな果実をつけるとは、限りません。

コツコツ続けても、失敗する時は失敗するのです。


僕は、ブログで稼げるようになるまでに、4年ほどかかりました。実に長かったです。正直、めげそうになりました。ブログを書きながら、いつも「自分にはセンスがないんだ」と落ち込んでいました。

それでもなぜか、妙にやりがいを感じていたので、なんとか続けることができました。たぶん、向いていたのだと思います。どうにかこうにか続けているうちに、ようやく4年目で芽が出てきました。

僕の場合は伸びたから良かったものの、頑張って続けても結果が出ないという可能性は、充分あります。

ここが、難しいところです。稼げない仕事にコミットして時間と労力をつぎ込んだ挙げ句、リターンがゼロの場合もある。そのような残酷な世界であることを覚悟してください。

難しいけれど、継続するだけ

厳しい世界ではありますが、それでも継続することをおすすめします。

僕はブログで4年ほど伸び悩んだと書きましたが、収益こそ少なかったものの、その4年の間に、さまざまな「恩恵」を受けています。

僕は大学を卒業するとすぐ、フィリピンのセブ島にある日本の企業に就職しました。実はその会社、当時は新卒採用をしていませんでした。しかし、僕はその会社に自らアプローチ。結局、それまでの活動やブログが評価され、採用に繋がりました。その後、独立してからも、ブログ経由で仕事の依頼がありました。また、ブログ経由で、正社員オファーが届いたこともあります。

このように、ブログによる直接の収益としてはあまり成果が出ませんでしたが、間接的な利益は享受していたのです。僕の友人の中には、ブログ経由でメルカリに就職を決めた強者もいます。

ブログに限らず、とにかく何かしら種まきはしておくべきです。すぐに成果は出ませんし、自分が期待していた形での成果にはならないかもしれませんが、焦らずにまったり続けることが大切です。

まとめ

- 「重要だけど緊急でないこと」こそ大切に
- 成果を焦ってはいけない
- 種をまいたら、ひたすら継続

04 サラリーマンの時給は低い

オープンワーク株式会社の運営する転職・就職のための情報サイト「OpenWork」に、上場企業社員の給料を時給換算したランキングが掲載されています。上位3社は次の通り（原稿執筆時）。

・1位　キーエンス（時給8037円）
・2位　三菱商事（時給7035円）
・3位　三井物産（時給6634円）

さて、これを見て、どう思いますか？

素直に「すごいな」と思うと同時に、「あれ？　でも、サラリーマンの頂点って、この程度なの？」という疑問も湧いてくるのではないでしょうか。

良い大学を卒業して、熾烈な就職戦線を勝ち抜いて、必死に働いて、それでも日本のトップの会社で時給8000円なのです。その一方で、「20代のフリーランスエンジニアで時給1万円超え」というのは、ゴロゴロいます。

そもそも、平均年収という考え方がズレている

現在の僕の収入は、時給換算すると10万円くらいです。1位のキーエンスの、約12・5倍。

自分で事業をしていると、その収入に天井はありません。しかし、会社勤めをしていると、どんなに優秀な人でも、会社の決めた給料以上になることはありません。

時間当たりの収入の高い人は、自分の商品を持っています。そして、絶えずその商品に磨きをかけているのです。

本気で稼ごうと思ったら、そもそも平均時給などという考え方自体がズレているということに気づくでしょう。

僕の場合は、個人でプログラミングスクールを運営しています。生徒さんは1000名ほど。自分でスクールを作り、常にレッスンをブラッシュアップしてきました。このスクールは、今では僕の収入の大きな部分を占めるまでに成長しています。

20代のエンジニアが、ものすごく稼ぐ理由

僕の周りには、20代で年収1000万超えのエンジニアがたくさんいます。彼らが稼いでいるのは、ひとえに、「プログラミングスキルという商品を、日々磨いているから」です。プログラミングのニーズはいまだ高く、2～3年学習した後、すぐに年収1000万を稼ぎ出す人も少なくありません。

「20代で大した下積みもなく1000万超えだなんて、こんなご時世に…」と驚かれるかもしれませんが、これは、まぎれもない事実です。

サラリーマンの収入がなかなか上がらない一番の理由は、自分の商品を持ちにくいところにあると思っています。

自分の商品といっても、別に、具体的な商品である必要はありません。例えば、「自分の商品は営業力だ」とか、「自分の商品は接客スキルだ」と言えるようなものがあれば、ぜひ、それを磨いてください。

しかし、もし、「ここで働いても、大してスキルが伸びないな…」と感じるなら、そのような環境で働き続けても、収入を伸ばすのは難しいでしょう。

時代の方向性を考慮しよう

入社から1年もたたずに、僕は会社を辞めました。理由は「ここで働いても、あまりスキルが伸びないな」と感じたからです。

退職後はフリーランスエンジニアとして働き、自分の価値を高め続けました。その積み重ねがあったからこそ、現在、プログラミングスクールを運営できているのです。今、僕は、YouTube発信に大きくコミットしています。これは時代の方向性を考えてのことです。今後も、動画の領域は伸びていくでしょう。YouTube発信することで、将来的に重要となるスキルアップができる。ここを確信しているので、未来のために、今、YouTubeに力を入れています。

スキルアップというのは1ヶ月やそこらでできることではありません。稼げるほどのスキルを身につけるには、年単位の時間が必要です。数年先の流れを読んで、何を学ぶのかを吟味しましょう。

お金持ちは近道を知っている

2年ほど前、僕は月収300万を達成し、いわゆる自分へのご褒美として「コンラッド・ホテル」に泊まってみました。お金持ちと同じ体験をすることで、自分の中の何かが変わるような気がしたのです。

その時の出費は、宿泊費8万円、ディナー10万円でした。この経験を通して、僕が感じたこと、それは「いや、無理だ…」です。1日で18万も使うなんて、耐えられませんでした。

しかし、コンラッド・ホテルには、当たり前のように高級ディナーを食べる人ばかり。おどおどしている挙動不審者は僕だけでした。

この経験をしたことで、僕は、さらに深くビジネスについて考えるようになりました。コンラッド・ホテルにいた人たちは、どのようにして高級ホテルが「当たり前」になったのだろう。彼らは、「平均時給」などという考え方はしていないはずです。「平均時給、平均年収、平均の貯金額」といった、さまざまな指標があるけれど、そんなものは本質ではありません。

もっと高速で達成する近道があるのです。そうでなければ、1日18万もの出費が当たり前になれるはずがない。**近道が存在する**ということに気づいてから、僕の収入は飛躍的に伸びました。平均時給や平均年収に囚われて思考停止していたら、おそらくその近道に気づくことはできなかったでしょう。

自分で稼ぐと、世界が変わる

収入を大きく伸ばしたいなら、その第一歩として、「自分で稼ぐ」ことに挑戦してください。時給などという概念は幻想であることに、気づくはずです。

例えば、プログラミングの仕事で時給を2倍にしたければ、半分の作業時間で仕上げてしまえばよいのです。10万円の案件について、20時間かけていたら、時給は5000円です。しかし、それを10時間で作ることができれば、時給1万円になります。簡単な算数です。

エンジニア時代、僕はこれを実践していました。20時間で作っていたプログラムを、10時間で作るだけ。「そんなことできるのか？」と疑問に思われるかもしれませんが、これにはコツがあります。それは、**「テンプレ化」**です。

世の中で必要とされるプログラムというのは、わりと似通っています。ですから、事前にテンプレを用意しておき、仕事を受けたらテンプレを使って高速で作り、納品すればよいのです。

時給を上げるには一歩一歩ステップアップする必要がある、というのは思い込みです。工夫次第で、あっという間に時給が2倍に跳ね上がります。時給という概念は、幻想にすぎません。

ここを実感するためにも、まずは、自分で仕事を請けてみることが大切です。

まとめ

- **平均時給や平均年収に惑わされてはいけない**
- **自分の商品を持ち、それを磨こう**
- **自分で稼ぐことで、世界の見え方が一変する**

05 大学生のアルバイトは、時間の無駄です

僕は以前「大学生のアルバイトは時間の無駄」というツイートをして、たくさんの批判を受けました。批判ツイートを読みながら、いろいろ考えてみたのですが、やはり、バイトは無駄だというのが、僕の結論です。

バイトから学ぶこともあるかもしれませんが、同じ時間を使うなら、スキルアップのために勉強したり、企業でインターンをしたり、もしくは旅に出るなど、後々の資産となるような経験に時間を投資したほうが、将来的なリターンはずっと大きいからです。

しかし、バイトの無駄に気づいていなかった学生時代の僕は、週4回のペースでバイトをしていました。たしか、月収8万くらい。当時はそれで満足していましたが、今振り返ってみると、完全に無駄だったと思います。

バイトをしても、何も残らない

当時の僕は、バイトをするたびに「今日は５０００円稼いだな」と、喜んでいました。

しかしこれは、自分の時間を換金しているにすぎません。時間を切り売りしているだけで、資産として蓄積されるものがないのです。だから、バイトをどれだけ頑張っても、ゆとりある人生は生まれません。一生、働いて、給料もらって、また働いて…の繰り返しです。

僕は、「時間にゆとりのある人生を送りたい」と思っています。このような望みを叶えようとした時、明らかにバイトは無駄でしかないのです。

大切なのは、資産になる労働

基本的に、労働というのはつまらないものです。それなら、積み重ねるごとに「時間の自由が生まれる労働」を目指しましょう。

時間の自由を生み出す労働というのは、つまり、資産を残してくれる労働のことです。例えば、エンジニアとして働けば、技術力という資産が残ります。ブログやアフィリエイトを頑張れば、WEBサイトが資産として残ります。成果報酬型の営業に励めば、売る力が資産として残ります。

ところが、大半のアルバイトは、何も身につかず、資産が残りません。僕は飲食店でバイトをしていました。多少の接客スキルは身につきましたが、残念ながら、接客スキルというのは、そこまで市場価値が高くありません。ほとんど収入アップに繋がらないのです。

遊ぶ時は一点集中

「若いうちに遊んでおけ」とよく言われます。たしかに、思う存分遊ぶことができるのは、学生のうちだけでしょう。しかし、遊ぶ時は、その遊び方に気をつけてください。

時間があるのをいいことに、目的もなくダラダラと同じ遊びを繰り返すというのは、おすすめしません。僕は大学に入ってからの2年間、バイトして遊んで、バイトして遊んでというサイクルをダラダラ続けていました。非常に無駄な時間をすごしてしまったと、反省しています。

その後の僕は、仕事や勉強にコミットし、起きている時間のほとんどを充てていました。しかし、全く遊んでいないというわけではありません。僕は、遊びたくなったら、「よし、遊ぶぞ！」と決意し、一点集中で遊びます。それこそ週6で飲みにいき、朝まで遊ぶのです。これを1ヶ月も繰り返すと、急に「飽き」がきます。遊ぶことに飽きたら、気持ちよく労働に戻ることができます。

多くの人は「バランスが大切」と考えるようですが、僕は何事も「一点集中」が良いと思っています。極限まで遊ぶことで、「遊びたい」という気持ちが一気に満たされ、遊ぶことに対する未練がなくなります。すると、満足して仕事に邁進することができるのです。

正社員でも基本は同じ

バイトは時間の無駄だと述べました。これは、バイトに限った話ではありません。正社員でも、同じような状況になることがあるのです。

「働いた結果として、お金しか得られない」という場合、働いた分以上の対価を得ることができません。行きつく先は、ラットレース。働いても、働いても、同じところをぐるぐる回るだけで、一向に生活が楽にならないのです。

ラットレースから抜け出すためには、「この仕事を続けたら、他社からヘッドハンティングされる人材になれるのか」と、自問してください。

例えば、バイトをするにしても、成果報酬型の営業であれば、それは有益です。営業力を培うことができれば、ヘッドハンティングされる可能性も高まります。正社員なら、エンジニアとか、デザイナーとか、企画職もいいと思います。スキルや実績が残る仕事なら、人材としての価値が上がります。その一方で、簡単な経理業務をしているような場合、それを続けても、なかなかスキルは上がりません。ずっと会社に居続けられるならいいかもしれませんが、会社が傾いたら、一緒に人生も傾いてしまいます。

熱中できることに、集中しよう

大学生の特権は、時間に余裕があることです。

時間に余裕はあるし、あまり稼ぐ必要もない。そんな時期というのは、大学生の時だけ。人生の中でも非常に稀な時期なのです。

そんな貴重な大学時代、どうせなら楽しいことをすべきです。

大学時代の話ではありませんが、僕は中高生の頃、ゲーム廃人と化していました。平日は3時間、土日になると、優に10時間はプレイしていたのです。当時ハマっていたメタルギアオンライン（PS2）というゲームで全国ランキング28位までいったこともあります。

なんて時間を無駄に使っていたのか…と後悔したこともありましたが、実は後々、その経験がブログに活用できたのです。ブログにせよゲームにせよ、上位に勝ち上がるには、アルゴリズムを攻略する必要があります。

僕がプレイしたゲームでは「ヘッドショット率」が重要でした。なので、そこを中心に攻略していきます。

ブログの場合は「検索エンジンで上位に上がるゲーム」と言うことができます。検索エンジンで上位表示されるためには、重要な要素がいくつかあり、そこを攻略していくわけです。これは完全に、ゲームを攻略するのと同じ思考です。ゲーム廃人になった経験が、けがの功名となりました。

何かにハマると、一見無駄に思えても、その経験が後から活きることがあります。
なので、何か熱中できるものがあるなら、一度、とことんハマってみることをおすすめします。

まとめ

- **時間の切り売りは、後に何も残らない**
- **資産になるような働き方が大事**
- **熱中できるものがあるなら、とことんハマってみよう**

06 実績ゼロから、月収8桁を超える

誰しも、最初は実績なんてありません。実績ゼロから、積み上げていかなければならないのです。僕もそうでした。実績のないところから、月収8桁までになったのは、ひとえに「小さな実績を拡張し続けること」を実践したからです。

スノーボール

小さな実績の拡張を、投資の世界では「スノーボール（雪だるま）」と呼びます。雪だるまを作る時に、最初は小さな雪玉を作り、それをコロコロと転がして少しずつ大きくしていきますよね。投資では、雪だるまのように、少しずつ資産を大きくしていくということです。

これは、ビジネスにおいても同じことが言えます。僕は、このスノーボールを、プ

ログラミングで実践しました。プログラミングを3ヶ月ほど頑張って学んだ後、「エンジニア」として働きました。学生インターンとしての採用でしたが、正社員に負けないくらい働き、少しずつ少しずつ、着実に実力をつけていきました。社長の右腕として働かせてもらったこともあり、自分でも驚くくらいの速度で成長することができたのです。

ただ、大半の人は「独学3ヶ月→エンジニア就職」がなかなかできないでしょう。おそらく、1年くらい学習して、それからやっと就職するという感じになるかと思います。しかし、それでは遅いのです。

実績を拡張しよう

ちょっとズル賢い話になるのですが…僕は3ヶ月の独学後、ＩＴ企業の面接を受ける時、社長に「プログラミングスキルは、どれくらいですか？」と聞かれたのですが、そこで「HTML, CSS, PHPを使えます。簡単なＷＥＢサービスを作れます」と答えました。実はこれ、結構話を盛っていたのです。

当時の僕は、3ヶ月だけプログラミングをかじった程度です。面接でのハッタリが効き、その企業に採用してもらうことはできたものの、実績を盛りすぎたため、その後に苦労します。

でも、入社後の苦労なんて、全く問題ではありません。入社さえしてしまえば、学習できる環境が整うのですから。プログラミング初心者の僕は、社長から仕事を渡されても、全く分かりません。勤務初日は、勤務時間中ずっとGoogleで調べ、何もできずに終わりました。

それでも、社長は何も言わず、夕飯を奢ってくれて…とても感動したことを覚えています。

等身大では、成長できない

日本人は、基本的に真面目です。なので、「100」のスキルを持っている人でも、面接では控えめに「自分のスキルは80くらいです」と言ったりします。確実にパフォーマンスの出せるところを伝えようという誠意なのだとは思いますが、これではなかなか成長できません。

筋トレをしている人なら分かると思いますが、筋肉を大きくするためには、筋肉痛を避けては通れません。キツイ負荷をかけることで筋線維を一旦破壊し、それが回復する過程で、元の筋肉よりも強い筋肉が作られるのです。筋肉痛も起こらない程度のトレーニング負荷では、筋肉を成長させることはできません。

仕事やスキルアップも、同じです。自分のスキルが「100」しかなくても、「120」だと言い張り、「120」の仕事を請けましょう。明らかにキャパオーバーですが、それが重要なのです。

僕は常に、このことを意識し、高い負荷をかけ続けてきました。

僕は新卒で入社した会社をたった11ヶ月で辞めてしまったのですが、それは「難易度の低い仕事ばかりが続くな」と感じたからです。簡単な仕事を続けても、成長が遅くなってしまいます。それがもったいなくて、会社を辞めました。

ブロガーとしても、ハッタリをかましていた

実は、ブロガーとしてもハッタリをかましていました。

数年前、「仮想通貨ブーム」がありました。その時、僕は「ブログ収益100万円」を達成。すかさず、「ついに、アフィリエイト7桁を達成したなう」とツイートしま

した。

当時の僕は「1回でも月100万を超えたら、大きな権威性を獲得できる」と確信していました。なので、このようなツイートをしたわけです。案の定、その後はフォロワーが増えやすくなりました。

しかし、この時の月100万達成は、嘘ではありませんが「虚像」に近いものでした。仮想通貨バブルに乗れただけ。僕の実力ではありません。それでも、達成した事実は変わらないので、それを全面に押し出したのです。

実績としては嘘ではありませんが、実力を盛っていた。このようにハッタリを続けていると、いつの日か「完全に自分の実力で、月収100万円」を達成できるようになります。

多少は背伸びして無理していかなければ、実力というのは伸びづらいものなのです。

しんどい時期も多い

現在、僕は「ブロガー兼YouTuber」として稼いでいます。収入も増えたため、周囲からは「羨ましい…」と思われることもありますが、かなりハードな時期を乗り越えて、今の僕があるのです。

月収が100万を超えると、その後は「月収100万を切りたくない」という気持ちが生まれ、次に「月収200万」を達成すると、また同じように「200万を切りたくない」という気持ちが生まれるのです。このように、常にプレッシャーと戦い、気が休まる時がありませんでした。

しんどい時期は必ずあります。そこで負けてはいけません。

目標は一つに絞れ

僕の元には「ブログで稼ぎたい」という人からの相談が多く寄せられます。ブログで稼ぎたい人が掲げる目標は、だいたい以下の三つのうちのどれかです。

・その①：ブログを頑張って、稼ぎたい
・その②：ブログを頑張って、有名になりたい
・その③：ブログを頑張って、有名になり、稼ぎたい

僕の目標は①の「ブログを頑張って、稼ぎたい」でした。有名になるとか、人気者になるとかはどうでもいい。ファンを増やすことに、あまり意味がないと思っていま

す。この考えは、今でも変わりません。

僕はただひたすら、**有益な情報発信**に専念しています。その結果として、受け手の人生が、少しでも良くなったらいいな…と願っています。

しかし、多くの人は③の「ブログを頑張って、有名になり、稼ぎたい」を目指しています。稼ぎながら有名になるというのは、非常に難しいことです。結果として両方が手に入ることもありますが、まずはどちらかで突き抜けるべきでしょう。

僕の場合は、まずは稼ぐことに全力コミットしました。すると、稼げるようになるにつれて、徐々に知名度が上がっていったのです。この順番を考えず、いきなり「稼ぐ」と「有名になる」の両方を目指してしまうと、どちらも中途半端に終わってしまいます。まずは、目標を一つに絞り、そこに全力コミットしましょう。

まとめ

- **時には話を盛ることも必要**
- **実力を超えた負荷が成長を促す**
- **目標は一つに絞り、そこに全力コミットしよう**

07 スキルなしで「副業で月5万」を稼ぐ

この見出しを見て、「気になる」と思った方は多いと思います。しかし、残念ながら、本項では、**今すぐ簡単に誰でも副業で月5万を稼げる魔法のような方法**はご紹介しません。そんな話は実在しないため、現実的な話をしていきます。

とにかく勉強しましょう

申し訳ないのですが、結論としては、「とにかく勉強しましょう」これだけです。これしかありません。

巷には「簡単に稼げる」といった情報が溢れていますが、そんなことは無理です。簡単に稼げるなら、多くの人がそれを実行し、世の中、稼ぐ人だらけになっているはずです。

とはいえ、単発でよいなら、月5万くらいなら簡単に稼ぐことができます。

例えば、アフィリエイトのセルフバックなどです。セルフバックというのは、自分でアフィリエイトを利用することで、報酬を得るというもの。通常は、アフィリエイトリンクを通して商品を購入し、いくらか報酬をもらえるというものがほとんどです。しかし、中には商品を買わなくても、資料請求するだけで報酬をもらえるものがあります。それを使えば、元手なしでも5万くらいは1日で稼ぐことが可能です。

気になる方は「アフィリエイト セルフバック」でネット検索してみてください。

学生時代、僕はこれで少しだけ稼ぎました。

単発で稼いでも、意味がない

先ほど書いたように、単発であれば、簡単に稼げることはあります。

しかし、それがアフィリエイトのセルフバックであったとしても、競馬で20万勝つことだったとしても、長い目で見たら、全くもって無意味です。単発で一時的に稼いでも、あっと言う間になくなります。そして、また稼ぐ前と同じ日々に戻るだけです。

本当に人生を変えたいと思ったら、**稼ぐ力を身につける**ことです。これに尽きます。

「月1万円だけ稼ぐスキル」でも、全く構いません。競馬で20万勝つよりも、ずっと価値があります。月1万でも、自分の力で稼げたら、努力を続けることで、それを月2万、3万…と増やすことが可能です。生産性を高めることで、月5～10万だって狙えます。

稼ぐ力を身につけ、それを伸ばすことで、人生が変わっていくのです。

最初に少し投資する

僕は何かを学ぶ時、「少額でもいいからお金を使う」ことにしています。僕がアフィリエイトを始めた時は、いきなり有料セミナーに行ってみました。金額は3000円と、大した出費ではありませんでしたが、この3000円を払うのと払わないのとでは大違い。身銭を切っているということで、セミナーの受け方が前のめりになり、ずっと得るものが大きくなるのです。

また、アフィリエイトをするとなると、WEBサイト用のサーバーを借りる必要が出てきます。ここでも多少、お金がかかります。すると「サーバー代を払っているのだから」と、やはり、アフィリエイトに対して本気で取り組むようになるのです。

こういった少額の投資は、自分のヤル気に火をつけてくれます。

また、僕の友人は、「先に投資をしたうえで、締め切りを設定する」という方法を取りました。その彼は今、アフィリエイトで「月50万」ほどの収入を得ています。彼はアフィリエイトを始めてたった半年で、月10万の収入を達成しました。これは凄いことだと思います。

彼がどうやったかというと、アフィリエイトを始めると同時に航空券の購入をしたのです。カンボジア行きの航空券を買い、「半年後には、カンボジアで生活できるくらい稼ぐ」と決意。この締め切り効果が働き、真剣に作業できたと言います。

少額の投資も、締め切りの設定も、自分に負荷をかけることでヤル気を加速させるカンフル剤のような役目をしてくれます。スタートダッシュを決めるには、非常に有効です。

魔法はないので、コツコツ進めよう

当たり前のことで恐縮ですが、稼げるようになるためには、勉強あるのみです。

しかし、第3章でも書いたように、日本のサラリーマンは、ほとんど勉強しません。

だからこそ、勉強すると差がつくのです。

ここで一つ、効率よく勉強するコツをご紹介します。それは、「検索可能なメモを取る」ことです。

多くの人が、勉強する際、記憶することが大切だと勘違いしています。もちろん、記憶できるに越したことはありませんが、そこは無理しなくても全く問題ありません。それよりも、必要な時に必要な知識を取り出せるようにしておくことが大切です。

そのためには、検索機能のあるツールを使って重要事項をメモしておきましょう。

例えば本を読んで「ここ重要だな」と思ったら、Wordにメモしておきます。何冊本を読んでも、同じジャンルなら一つのファイルにメモしておくことがポイントです。一つのファイルなら、一度に検索できるからです。

kindleなら、ハイライトを利用しましょう。後で「あれ、どこに書いてあったっけ？」となったら、ハイライト検索という機能を使えば、すぐに見つかります。

また、ＷＥＢサイトにいい情報を見つけたら、すぐブックマークします。

暗記しようと思っても、どうせすぐ忘れてしまうので、外部記憶装置として、パソコンなりkindleなりに、自分のデータベースを作っておくわけです。

こうして効率よく勉強することで、一歩も二歩も抜きんでることができます。

僕の周りを見てみると、やはり、稼いでいる人は日常的に勉強しています。勉強するのが、もはや当たり前。これが1年、2年、3年と続いたら、そこには超えられない壁ができあがります。

今まで勉強してこなかった人は、ある日、その壁の存在に気づき、後悔するのです。「自分も勉強してくれれば良かった」と。しかし、後悔したところで、何も変わりません。変えることができるのは、未来だけ。だから、今日から勉強しましょう。

もし、どこから勉強していいか分からないなら、まずは、少しでも興味のある分野から、がむしゃらに始めてみてください。3年も続ければ、あなたもきっと、超えられない壁の向こう側に立っていることでしょう。

まとめ

- 勉強以外に道はなし
- 身銭を切ることでヤル気に火がつく
- 魔法は存在しない。結局はコツコツやるだけ

第 6 章

時代の波に先乗りする

01

恐ろしいほどに、差が開き続ける

今後、日本では「超格差時代」がやってくると、僕は予想しています。

ネットが世界を可視化した

最近、世の中は、驚くことばかりです。僕は引きこもりなので、基本的にＰＣディスプレイを通して世界を見ているわけですが、とにかく優秀な若者が多すぎます。中学生で事業を始めているとか、月収１００万超えの高校生がいるとか。僕のブログで勉強をしている小学生までいます。

さすがにこれらは極端な例ですが、もう少し年齢の高い社会人層、20～28歳くらいでも、適切に情報収集をして、若いうちから大きく稼ぐ人が増えています。

僕の身近にも、大学生のうちから月収20万を稼ぐ人が多く、Twitterを見れば、そういった人材が溢れかえっています。

独学できる人には、最高な時代

稼いでいる人や、高速で成長する人の共通点は、実にシンプル。それは「自ら調べ、自ら学習する」です。

ネットに情報は揃っています。稼ぐのに必要なほとんど全ての情報が無料で手に入る時代です。また、有料にはなりますが、より実践的な情報を学びたければ、オンラインサロンもいいでしょう。普段はネットで情報収集し、必要に応じて課金すれば、より深い情報が手に入るわけです。

世間では「オンラインサロンなんて搾取だ」などと非難する人もいますが、オンラインサロンで学んで大きな成果を出す人は少なくありません。オンラインサロンで学んだ知識で稼げば、サロン代金なんて、すぐに回収できてしまいます。

このように、ネットをうまく利用して、若者がどんどんスキルを磨いているのです。

もし、大企業がスキルベースでの採用を始めたら、使えない中年層は大量に失業することでしょう。

必要なスキルは、独学力

これからの時代に必要とされるスキルは、「独学する力」です。

著書『サピエンス全史』が世界的なベストセラーとなっているイスラエルの歴史学者ユヴァル・ノア・ハラリ氏も、「これからは生涯学習の時代」と述べています。

しかし、日本人の多くは、勉強に対する苦手意識を持っているようです。学校での勉強の印象が強いのでしょう。

社会に出てから必要とされる学習能力は、学校での勉強とは異なります。

スキルを活かして稼ごうと思ったら、そこに教科書はありません。手探りで学び、自ら切り拓いていくしかありません。

勉強は、とても楽しい

僕は、毎日勉強しています。

たとえば今日は、YouTubeの撮影をする時、ある工夫をしました。しょうもない話なのですが、動画のエンディングで「視聴者とじゃんけん」したのです。こういった細かい実験の繰り返しが、思わぬ飛躍に繋がります。（※本書執筆中に実験の結果が出ました。じゃんけんの勝ち負けコメントを入れてもらうことで、コメント数が普段の8倍に。YouTubeのアルゴリズムにおいて優遇され、再生回数が一気に伸びています）

このように、一つ一つの作業にも、学べる機会があるのです。

教科書を買って読むとか、セミナーの内容をメモするとか、そういうことを学びだと思っている人がいますが、そうではありません。目標を定め、それを達成するために突き進んだら、その過程は全てが「学習」になります。

もちろん、必要に応じて教科書を参照することもあるでしょう。するとその時、とても集中できていることに気づくと思います。それは、行動している人が必要に迫られて学ぶ知識というのは、すぐに活かすことができるものだからです。

使うかどうかも分からない知識を学んでいたのでは、飽きて当然。学びを効率化するためには、目標に向かってとにかく行動することです。

自分なりの生き方を、模索しよう

最近、僕が懸念しているのは、「インフルエンサーの声が大きすぎる」ということです。インフルエンサーが何かを言うと、それをそのままフォロワーが信じてしまいます。

僕は、プログラミングやブログ、動画編集のスキルアップ情報を発信しています。もちろん、この領域は未来があると思っているから発信しているのですが、だからといって、全員がこのジャンルで頑張るべきだとは思っていません。人によって好き嫌いがあるし、向き不向きもあります。自分なりに模索すべきです。

ですが、フォロワーさんの中には、「何がなんでもプログラミングかブログで成功しなければならない」と思い込んでいる人が少なくないのです。

ビジネス系のインフルエンサーは、皆さん知的労働をしています。それは、そのほうが収益性が高いからです。

でも、僕は、本人に合っている仕事なら、別に肉体労働でもいいと思っています。僕の友人は、普段はセラピストとして働いており、副業で「出張マッサージ」をしています。これで、本業25万、副業15万の収入です。合計40万、わりと豊かですよね。

なにも知的労働にこだわる必要はありません。数ある選択肢の中から、自分に合ったものを選びましょう。

意識高い系ではなく、行動力高い系を目指そう

「意識高い系」という言葉が流行りましたが、これからより重要になってくるのは、意識よりも行動力です。

意識を高めるよりも、行動力を高め、挑戦と失敗を繰り返しましょう。

変化の速い時代です。一つの挑戦に5年もかけていたのでは、遅すぎます。一つ一つを2~3年スパンで区切り、ガンガン挑戦すべきです。

場合によっては、1~3ヶ月で挫折することもあると思います。それでも問題ありません。挫折したら、ひとまず「その選択肢の削除」ができるからです。行動して、挫折して、選択肢を減らして…この流れを繰り返すうちに、覚悟が生まれます。

僕は過去に色々な挑戦をしては、失敗してきました。起業でも失敗しました。そこから得たのは「1人で、引きこもって稼ぐ」という、僕にとっての最適解です。

過去の挑戦と失敗があったからこそ、ここにたどり着くことができたのです。

まとめ

- 現代は安く学べる時代
- インフルエンサーに惑わされてはいけない
- 行動することで最適解が見えてくる

02 近未来を読むには、方法論がある

効率的に生きるためには、近未来を読む力が役立ちます。

僕は、2018年の10月に「ビジネス系YouTube」を始めました。当時は「ビジネス系YouTube」などという言葉は存在しませんでした。

しかし2019年から市場が盛り上がり、今となっては「堀江貴文さん」「マコなり社長」といった、ビジネス系YouTuberが大きな人気を集めています。

こういった人たちに比べたら、僕はまだまだですが、開設1年半くらいでチャンネル登録者数40万人にまで伸ばすことができました。

チャンネル登録者数が伸びた理由は、ズバリ「**時代の流れ**」です。

ネットのトレンドを読む方法

ネットのトレンドを読むのは、比較的簡単です。ネット界隈では、マーケットが小さいため、インフルエンサーが行動すると、それがすぐブームになります。

ビジネス系YouTubeの場合、発端はイケダハヤトさんでした。稼ぐブロガーとして脚光を浴びていたイケダハヤトさんがYouTubeチャンネルの運営を本格スタートした2018年10月、僕もすかさずYouTubeを始めました。もしこれが、2018年の12月であったら、おそらく今の成果はなかったでしょう。そのくらい、タイミングは大切です。

つまり、イケダハヤトさん（Twitterのフォロワー20万超え）のようなインフルエンサーが行動をすると、それが大きな波になるわけです。当時の僕は、まだTwitterのフォロワーが3万人くらいだったので、「この波に乗るしかない」と思い、即座に行動しました。

忙しすぎて、病みそうになる

YouTubeを始めた頃は、本当に忙しくて大変でした。毎日、12時間にも及ぶ作業。慣れないトークに疲れ、だんだん頭痛がするようになってしまいました。それでも根性で続け、なんとか波に乗ることができました。

僕のチャンネルが伸びたのは、プログラミング情報を扱ったためです。プログラミングに関する情報を知りたがるのは、情報感度の高い人。そのような層がちょうどYouTube視聴者に増え始めたタイミングだったので、僕は波乗りに成功し、一気にチャンネル登録者数を伸ばすことができました。

しかし、その裏では、毎日頭痛に悩まされ、疲労困憊していたのです。

時代の大きな流れは、ニュースで分かる

ビジネス系YouTubeというのは、かなりピンポイントな「時代の読み方」でした。このようにピンポイントで時代の流れを摑むことも重要ですが、こういったチャンスは年に1回くらい、突然やってくるため、そこを摑むのはなかなか困難です。

ビジネス系YouTubeの一つ前には、仮想通貨ブームがありました。

このような波を察知したら、ぜひ乗りたいところではありますが、この波をずっと待っているというのは得策ではありません。

そこで、もう少し時間軸を伸ばして、大きな時代の流れを考えてみることをおすすめします。

大きな時代の流れを読むには、投資のニュースをチェックするとよいでしょう。投資のニュースを見ていると、「○○社が、△△億円を調達しました」といった記事が出てきます。企業が資金を調達できるのは、その未来を期待されているからです。期待しているのは誰かといえば、それはもちろん「投資家」の方々ですね。投資家という頭がよくてお金も持っている人が将来伸びると思っている分野が、このニュースから分かるわけです。巨額の資金が流れるわけですから、そういう面からも、その市場は伸びていくでしょう。

このようにして、投資のニュースをチェックすることで、時代の大きな流れを読むことができるのです。

これからの時代だと「ゲーム、VR、AR、ブロックチェーン」といった領域が伸びるでしょう。世界中の投資マネーが、これらの分野に流れているからです。

未来を読みつつ、方向性を整えよう

僕が「時代を読む」ということを意識したのは、起業で失敗してからです。

僕は「フィリピン留学」という分野で起業しましたが、正直、タイミングがあまりよくありませんでした。市場の成長が鈍くなった時期に起業してしまったのです。努力しても、なかなか大きなリターンを得ることができませんでした。

業界全体が伸びていないと、そこでの事業はハードになります。僕は、フィリピン留学という事業の失敗を通じて、時代を読む重要性を痛感しました。

その後は、タイミングを強く意識しました。その結果、「ビジネス系YouTube」というブームに乗ることができたのです。うまく波をとらえることで、1年でかなり遠くまで進むことができました。

あなたは、今の仕事で「時代の波」を受けていますか？

もし、受けていないと感じたら、時代に沿うよう工夫してみましょう。少し工夫をするだけで、ビジネスの展開が大きく変わることがあるのです。

例えばマンガ家を目指している場合、今はマンガ雑誌の売上は減少しています。しかしSNSやYouTube市場は伸びている。だったら、自分の作品をSNSやYouTubeに載せてみるのです。

そのビジネス単体では衰退でも、工夫次第で波を乗りこなせることもあります。波に逆らうのではなく、波に乗る。これができると、ビジネスはずっと楽になります。

僕は、「波がないなら、もはや働かないほうがいい」と思っているくらいです。皆さんもぜひ、波乗りを意識してみてください。

まとめ

- 事業を当てるにはタイミングが大事
- 一時のトレンドよりも「大きな流れ」を掴もう
- 時代の波に乗ろう

03 これからの時代の五つの変化とは

これからの時代、間違いなく次のような変化が起こります。

・個人が上場企業レベルの力を持つ
・モノの所有から共有の時代になる
・雇用が流動化して、正社員が減る
・単純作業はAIで自動化されていく
・日本の優秀な若者が海外移住する

この五つを読んだ時、肌感覚として理解できている方は、問題ありません。しかし、あまりピンとこない方は、この項をよく読んでいただきたいと思います。

個人が上場企業レベルの力を持つ

これについては皆さん、すでに気づいているのではないでしょうか。

ヒカキンさんや、ヒカルさんといった人気YouTuberは、分かりやすい事例ですね。個人で数十億という報酬を稼いでいます。僕も、ブロガー兼YouTuberとして、2020年には2〜3億くらい稼げそうな勢いです。このような人が、今後ますます増えていくでしょう。

本当に素晴らしい時代になったと思います。個人が、大企業とも戦えるのですから。これは裏を返せば、「大企業にとって大変な時代になった」とも言えます。YouTubeやSNSの発信においては、企業よりも個人のほうが有利です。というのも、ファンを惹きつけるのは、人間だから。つまり、大企業がお金を積んでも、強力な個人には勝てないということです。

モノの所有から共有の時代になる

「モノを所有する時代から共有する時代になる」と言われています。つまり、「シェアリングエコノミー」です。今後、この流れは加速していくことでしょう。

現在、僕はバンコクに住んでいます。ここは、シェアリングエコノミーに関して、日本よりも圧倒的に進んでいます。

例えばタクシーを呼びたい時は、Grabというアプリを使えば、5分ほどで来てくれます。近くにいるGrabに登録しているタクシーや一般の登録車を呼んでくれるのです。車種を選ぶこともできます。

僕が日本に戻った時、雨が降っていたこともあってタクシーがまったく捕まらず、かなり消耗しましたが、バンコクではこんなことは起こりません。

また、バンコクでは、お店のFacebookページから商品を選ぶとGrabバイクで配達してくれます。Grabバイクは、Uber Eatsと同様の宅配便です。つまり、バイクを持っている人がフリーランスとして、配達を請け負ってくれるのです。配送会社に依頼するよりも、アプリからバイク便を手配したほうが、お手軽で早いという状況になっています。

これは、バンコクが特別に進んでいるというわけではありません。僕は2015年にフィリピンのセブ島にいましたが、当時のセブ島でも、Uberのようなタクシーアプリがあり、日本よりもずっと快適にタクシーを呼ぶことができました。

セブ島やバンコクが進んでいるというより、日本が遅れていると考えるのが妥当でしょう。

雇用が流動化して、正社員が減る

いわゆる「日本的な雇用」は、今後、徐々に崩壊していくでしょう。日本的な雇用といえば、真っ先に「終身雇用」が思い浮かびますが、今の時代、どう考えても終身雇用を維持するのは無理な話です。

大手計測器メーカーの株式会社タニタを、ご存じの方も多いと思います。このタニタは「デキる社員はフリーランスＯＫ」という制度を作っています。

デキる社員は、辞めて独立するというケースが多い。そういった人材に「辞めてもいいから、独立後、タニタの仕事を少し手伝ってほしい」ということです。この制度は、いわゆる「二極化」の一端であると、僕は感じています。

これからは、中間層が消え、上と下のみになっていきます。下の層、つまり、会社にぶら下がっていた社員の給料は、どんどん下がっていくことでしょう。そして、優秀な人材は、フリーランスとして複数のプロジェクトに参画し、ますますスキルを伸ばしていくのです。

さらに、若くて優秀な層は、YouTubeなどを通して無料で学び、自らもスキルアップしていくでしょう。

単純作業はＡＩで自動化されていく

今後、単純作業はＡＩで自動化されていきます。

一昔前までは、無駄に思えるような仕事でも「これは経験になるから」と上司に言われたら、黙ってそれを実行してきました。しかし最近では、ネットを通して、誰でも幅広く情報収集が可能です。無駄な作業をしている時間があったら、役立つ情報を集めたほうが、ずっとスキルアップに繋がります。

優秀なフリーランスや経営者の話を聞いていると、無駄な仕事に耐えてこなかった人が多いということに気づきます。「無駄な仕事を我慢してやる必要なんかないんじゃないか」このことに気づいた人が行動を変え、結果を出してきたのです。

今後、テクノロジーの進化は止まらず、レジ打ちは自動化され、車の運転も徐々に自動化していくでしょう。確定申告のような経理業務については、もうすでにかなり自動化されています。

日々を単純作業で消耗している人は、今すぐにでも変化していかなければ、時代に取り残されてしまいます。

日本の優秀な若者が海外移住する

今後、日本の優秀な若者は、どんどん海外に移住していくでしょう。働き方改革が推進され、自由な働き方を選択するようになると、あることに気づくのです。それは「日本の税金は高い」ということです。

僕は、もともと日本でビジネスをしていました。しかし年収3000万ほど稼いだ時に、税金で半分くらい持っていかれてしまったのです。さすがにこれは、高すぎると思います。

もし僕が「ジョージア」という国に移住したら、それだけで「税金が3%」になります（IT業種の場合）。海外に移住するだけで、ここまで節税できてしまうのです。

日本にいる優秀なフリーランスが「海外移住」という選択をしても、それは当然のことだと言えるでしょう。また、海外送金のハードルも下がりつつあるため、海外拠点を持つことは、極めて合理的な選択です。

現在、僕は、マレーシアで法人を運営し、タイに移住しています。このように、ビジネスをする国と住む国を分けるというスタイルも、増えていくでしょう。

これからの時代を、最高に楽しもう

少々暗い話題が続きましたが、この流れは止められません。

しかし僕は、「未来は最高だ」と思っています。

多くの人は新しいテクノロジーに対して「○○は良くない」と、批判的な意見を持ってしまいます。例えば「自動運転はいいけど、運転手が失業していくのは、どうかと思う」など。しかし、このような思考は、全く無駄です。

Google社などが、年間数兆円規模の研究費をかけて、開発を進めているのですから、テクノロジーの進化は止めようがないのです。それならば、批判などしていないで、「じゃあ、どうするのか」を考えるべきでしょう。つまり、「行動」にフォーカスして考えるわけです。

テクノロジーが発展するのは、悪いことではありません。僕は、非常に楽しみにしています。中でも特に楽しみなのは「ＶＲ世界の発展」です。ＶＲ世界が発展したら、僕はいち早く没入して、ＶＲでYouTuberになってみようかな…などと夢想しています。未来がとても楽しみです。

まとめ

- これからは個人の力が大きくなる
- 海外でビジネスするのも一つの手
- 「行動する」という前提で未来をとらえよう

04 結局のところ、どう生きるべきか

終身雇用や年金が崩壊しつつある一方、人々の寿命は伸び続けています。つまり、「死ぬまで働く」ことができなければ、生きていけなくなるということです。

死ぬまで働くのであれば、つまらない仕事は辞めて、ストレスのない働き方や生き方を模索するべきです。世間体を気にするよりも、幸せに生きることのほうが大切。そんな価値観が、これからの主流になっていきます。

少し前の時代には「老後を楽しむ」という発想がありました。しかし、幸か不幸か寿命が伸びた今、老後に大きなお金が必要となってしまったのです。

もし、老後のための充分な資金を貯めることができなかった場合、どうすればよいのでしょう。最も明解な解決策は「死ぬまで働くこと」です。

「死ぬまで働く」は、幸せなこと

「死ぬまで働く」と聞いた時、多くの人はネガティブなイメージを持つことと思います。

しかし僕は、そう悪いことでもないと思っています。年配の方を見ていると、なんだか皆さん、お暇そうにしているじゃないですか。それなら、過去の経験を活かしつつ、何かビジネスなり仕事なりをしたほうが、残りの人生がずっと充実すると思うのです。

死ぬまで働くとなると、一生を通じた労働時間がとにかく長くなります。なので、言うまでもなく、つまらない労働はしないほうがよいでしょう。この先もずっと続くのですから、嫌なことを我慢しなければならないような仕事はサクッと辞めてしまいましょう。たとえ給料が下がったとしても、自分が「楽しい」と思える仕事を選ぶべきです。

今後は終身雇用もなくなり、転職が当たり前になります。もはや、我慢は不要です。

嫌なことを、徐々に減らしていこう

現在、僕はわりと幸せに暮らしています。

最近の生活は、朝起きて、ブログを書いて、筋トレして、YouTubeを撮影して、本の原稿を書く、といった感じです。それなりに忙しいと言えば忙しいですが、引きこもって静かに仕事ができるので、幸せです。

こういった「自分なりの幸せ」を手に入れるには、「嫌なことを減らしていく」ことがカギとなります。

僕がこれまで捨ててきた「嫌なこと」は、「会社に行くこと」「電車に乗ること」「朝決まった時間に起きること」「挨拶すること」「無駄な会議」です。

嫌なことを捨て続けると、「嫌ではないこと」が残ります。好きなことばかりではないかもしれませんが、少なくとも嫌ではない。嫌ではないことなら、そこそこ楽しめるものです。それなりに楽しめるから、成長も速い。

幸せに稼ぐコツは、これだけです。

楽しいことを、続けると良い

僕はブログが好きです。だからこそ、大して稼げなかった最初の4年間も、続けることができました。そして、諦めずにブログを継続していたら、人生が変わりました。

これは、トップYouTuberさんも、同じだと思います。YouTuberという言葉がまだ存在しなかった頃から、たとえ稼げなくても、皆さん動画を撮っていました。

後発で人気になったYouTuberさんは、得意のジャンルを持っている人がほとんどです。フィットネスYouTuberなら、もともと筋トレが好きで、ずっと続けていた。それを動画にしたら、人気が出た。このように、まず「好きなこと」があって、それが仕事になったというパターンがほとんどです。

これからの時代、嫌なことはどんどん捨てて、楽しいことをすればいい。僕はそう思っています。

ストレスに耐えて働くことが称賛される時代は終わりました。僕にもストレスに耐えて頑張った時期がありますが、結局、その時は何も成果を残すことができませんでした。ストレスのない働き方にしてから、徐々に成果が出始めたのです。

やりたいことが見つからないなら、旅に出るのもいい

僕は定期的に旅をしています。基本的には一人旅です。一人旅は、考える時間が増えるので、得られるものが非常に大きい。移動中なんて、話す相手もいないし、ものすごく暇です。なので、とにかく考え事をしています。考えて、考えて、考えて…、そこで新しい土地を見ると、ふっとアイデアが湧いてくるのです。

去年はラオスに行きました。ラオスという国は、あまり発展していません。しかし、そこで見た光景は驚くべきものでした。ラオスの人々を観察すると、あることに気づいたのです。例えば、レストランの店員さん。客に呼ばれるまでは、客席でゴロゴロしています。僕が行ったレストランには座敷があり、暇な時は、ここに店員がゴロンと横たわって、ずっとスマホをいじっているのです。客に呼ばれた時だけ働き、あとはのんびり過ごしています。

ラオスは社会主義国なので、「隣のレストランより儲けてやろう」といった競争心はありません。生活費は格安で、将来の不安もありません。ラオスの人々は、自由と安定を持っているわけです。

「これってある意味、勝ち組なんじゃないか」僕はそう感じました。

これは、実際にラオスに行き、人々の生活をこの目で見て、体験したからこそ感じたことです。

このラオスの光景は、確実に僕の思考を深めてくれました。

今はコロナの影響もあり、なかなか旅行に行くことは難しくなっていますが、事態が収束したら、旅に出てみるのもいいと思います。

自分なりの幸せを生きるだけ

結局のところ、自分なりの幸せを模索して、それに従って生きるだけです。時代がどんなに変わろうと、自分の根本は変わりません。

僕の場合、生活パターンは中学時代に決まっていました。家に引きこもり、ゲームをするのが大好きな中学生でした。30歳になった今、ブログはゲーム感覚で運営しているし、YouTubeもゲーム感覚で運営。そして、空き時間には、シューティングゲームをしています。

こういった「自分の好き」は、本人が一番分かっているはずです。そこに近づける働き方を探り当てたら、**それを継続し、しっかり稼ぐ**。そのあとは、長い人生、ストレスを溜めずにのんびり生きれば、それでいい。僕はそう思っています。

まとめ

- **死ぬまで働く前提で働き方を決めよう**
- **嫌なことを一つ一つ取り除いていこう**
- **自分の幸せは自分が一番知っている**

おわりに

自分に期待するのは、やめよう

僕には、よく言われる言葉があります。

「継続力が、すごいですね」
「忍耐力が、すごいですね」

この言葉を聞くたびに、ちょっとした違和感を抱くのです。

僕は継続力があるというよりは、「どうせ、すぐに成果なんて出ない」と思っているだけです。

忍耐力があるというよりは、「そもそも、嫌なことはやっていない」だけです。

心の安定を重視しているため、自分に過度な期待をしていないし、嫌なことはやりません。だから、忍耐強く継続しているわけではなく、ただ淡々と好きなこと、得意なことをこなしているだけなのです。

例えばYouTube。僕は「最初の2年間は、収益0円でもいいや」という気持ちで始めました。そうしたら、意外なほど早く成果が出たので「ラッキー！」といった感じです。

もし今後、伸び悩んだとしても、「まあ、こんなもんか」と思うでしょう。

伸びたのはラッキー、伸びなくて普通。

伸びたのは運。伸びなかったら、それが僕の実力。

このような気持ちで取り組んでみると、心がかなり安定します。

人生は、長距離走です。後先考えずにいきなりダッシュしたら、息切れして途中で走れなくなってしまいます。ゆっくりスタートして、マイペースにのんびり。これが、コツです。

マイペースで続けたら、1年後に横を見てください。驚くほどに、人数が減っているはずです。

さらに3年後、また横を見てください。もはや誰もいません。

そして、その頃には、あなたの人生はすっかり変わっているでしょう。

苦しい経験は、強みになる

僕はブログで、4年ほど伸び悩みました。普通に考えたら4年も芽が出なければ、その前にやめているところです。しかし、自分に期待していなかった僕は、ただただ継続していました。

今となっては、この「芽の出なかった4年」が武器になっています。

多くの人は「早く成果を出す＝すごい」と考えます。

しかし僕は「めちゃくちゃ伸び悩む＝大きな共感を生む」と考えます。

もし僕が、ブログを開設するなりたちまち人気ブロガーになり、YouTubeチャンネルもすぐヒット、ビジネス1年目にして億の年収を叩きだしていたら、どうでしょう。「すごいな」とは思いますが、全く共感できませんよね。しかし、僕といったら、ブログでは4年も伸び悩み、プログラミングでも3年間稼げず、26、27歳の時には月収5万の引きこもりでした。

なんだか一気に親近感がわきませんか？

そうです。このような悲惨なエピソードは、後々、強みになるのです。

ですから、すぐに成果が出なくても大丈夫。焦らずコツコツ続けたら、徐々に景色が変わっていきます。そして大きな成果を手に入れた後、この苦労した日々が強い武器になるのです。

僕は引き続き、走り続けます。

もしあなたの気持ちがちょっと萎えた時、僕のブログやYouTubeを覗いてみてください。「こいつも頑張っているし、自分も、もうちょいやるか」そんなふうに思っていただけたら、嬉しいです。

というわけで、本書は以上になります。

最後に、大事なことを、もう一度書きます。

朝起きたら、何があっても、
絶対に○○をする

僕もこのテンプレを使い、今後もマイペースに行動します。

皆さんも、一緒に行動、継続していきましょう。

【参考文献】

● 『LIFE SHIFT――100年時代の人生戦略』
（リンダ グラットン、アンドリュー・スコット著、東洋経済新報社）

● 『完訳 7つの習慣 人格主義の回復』
（スティーブン・R・コヴィー著、キングベアー出版）

マナブ
トッププロガー、アフィリエイター、YouTuber。
1990年生まれ。22歳の時、大学を1年休学し、フィリピンに留学。帰国後、フィリピン留学情報ブログを開設。大学卒業後、フィリピンのセブ島で就職するが、11か月で退職。フリーランスになる。その後、起業するも失敗に終わり、27歳の時、月収5万・貯金0に。どん底の状態からブログに心血を注ぎ、月収7桁を達成。29歳には月収8桁を達成し、時間にもお金にもゆとりのある人生にシフト。現在はバンコクを拠点に活動。南国で引きこもりつつ、ブログをはじめYouTube、Twitterなどで有益な情報を発信している。

億《おく》を稼《かせ》ぐ積《つ》み上《あ》げ力《りょく》

2020年9月25日　初版発行

著者／マナブ

発行者／青柳 昌行

発行／株式会社KADOKAWA
〒102-8177　東京都千代田区富士見2-13-3
電話　0570-002-301(ナビダイヤル)

印刷所／大日本印刷株式会社

●お問い合わせ
https://www.kadokawa.co.jp/（「お問い合わせ」へお進みください）
※内容によっては、お答えできない場合があります。
※サポートは日本国内のみとさせていただきます。
※Japanese text only

定価はカバーに表示してあります。

ISBN 978-4-04-896848-5　C0030